W0065683

Werner Backes

Drachen aus aller Welt

40 Modelle zum Nachbauen

Otto Maier Verlag
Ravensburg

CIP-Kurztitelaufnahme der Deutschen Bibliothek

Backes, Werner:
Drachen aus aller Welt: 40 Modelle zum Nachbauen /
Werner Backes. – Ravensburg: Maier, 1986. –

ISBN 3-473-42282-7

© 1986 Otto Maier Verlag Ravensburg
Alle Rechte vorbehalten
Fotos und Zeichnungen: Werner Backes
Satz: Fotosatz Ruderer, Grünkraut
Gesamtherstellung: Himmer, Augsburg

90 89 88 87 86   5 4 3 2 1

ISBN 3-473-42282-7

Inhalt

Ein idealer Platz für Drachen: Cody, Delta-Conyne und Peter-Lynn-Kastendrachen vor der Honkenswarft auf der Hallig Langeneß.

Vorwort

„Wir wetteiferten miteinander, solche Drachen in den verschiedensten Formen zu machen. Drachen, die auf der Erde die Größe eines Mannes überboten, hatten in der Höhe kaum die Größe einer Schwalbe, auch wußten wir solche zu verfertigen, die im Steigen und in der Luft brummende Töne von sich gaben, ein Spiel, das ich noch im Alter zu Weinsberg auf meinem Turme fortsetzte." So schrieb der schwäbische Dichter und Arzt Justinus Kerner (1786–1862) in seinem 1849 erschienenen Buch „Das Bilderbuch aus meiner Knabenzeit".

In der Zwischenzeit hat das Spiel mit Drachen bei alt und jung noch an Reiz gewonnen. Justinus Kerner kannte sicher Drachen, die sich aus asiatischen Vorbildern in Europa entwickelt hatten. Nach seiner Zeit, Ausgang des 19. und im ersten Jahrzehnt des 20. Jahrhunderts, entstand in der westlichen Welt eine große Zahl leistungsfähiger Drachen, zum Teil in der Absicht, menschentragende Apparate zu entwickeln. Einige große Namen dieser Zeit sind Eddy, Hargrave, Conyne, Bell und Cody.

Als man in den motorgetriebenen Flugzeugen den Menschheitstraum vom Fliegen erfüllt sah, verloren all diejenigen das Interesse an Drachen, die nur ihre Nutzanwendung im Sinn hatten. Der Drachen wurde zum Bastelobjekt, zum Spielzeug, zum Experimentier- und Sportgerät, er wurde ein Gegenstand der Freizeitgestaltung und der Liebhaberei.

Seit dem Zweiten Weltkrieg wurden im westlichen

Ausland ganz neue Drachenformen geschaffen, die teilweise keine Ähnlichkeit mehr mit den überlieferten Drachenmodellen haben. Sie sind ein Zeugnis dafür, wie intensiv man sich wieder mit Drachen beschäftigte. In jüngster Zeit sind die auffallendsten Neuschöpfungen Modelle, deren Flug die Aktivität des Drachenpiloten herausfordert und somit den Ansprüchen unserer sportbegeisterten Gesellschaft entgegenkommt.

Die Bauanleitungen, die ich Ihnen hier gebe, entstanden aus Skizzen und Notizen, die ich mir während des Baus von Modellen ganz unterschiedlichen Ursprungs machte. In dieses Buch wurden nur Anleitungen zum Bau von Drachen, die ihre Flugprüfung bestanden hatten, aufgenommen. Wenn Sie die einfachsten Schlitten-, Flach- und Schlangendrachen oder die anspruchsvolleren Modelle Eddy, Conyne, Delta und Peter Lynn sowie leichte kleine Kastendrachen vermissen, möchte ich Sie auf mein grundlegendes Buch, „Drachen bauen", verweisen, das nicht nur eine große Zahl erprobter Bauanleitungen enthält, sondern auch elementare Techniken zum Bau und zum Umgang mit Drachen erklärt.

Obwohl ich es für unerläßlich erachte, bei historisch bedeutenden Modellen einige Daten über die Erfinder anzugeben, war es zu keiner Zeit meine Absicht, mich in größeren geschichtlichen Betrachtungen zu ergehen. Das eigentliche Ziel dieses Buches ist es, Ihnen den Bau flugfähiger Drachen in der nötigen Kürze und möglichst genau zu beschreiben.

Bauen Sie Ihre Drachen nach meinen erprobten Anleitungen, aber gestalten Sie alle schmückenden Elemente nach Ihren persönlichen Vorstellungen.

Dazu wünsche ich Ihnen eine glückliche Hand und einen guten Flug im richtigen Wind!

Werner Backes

Einführung

Bauteile

Die wichtigsten Bauteile der Drachen zeige ich Ihnen hier an zwei anspruchsvollen Modellen, dem Roller, der zur Klasse der gebogenen Drachen gehört, und dem Cody, einem großartigen geflügelten Kastendrachen. Prägen Sie sich die Teile ein, dann werden Sie sich in den nachfolgenden Bauanleitungen schnell zurechtfinden.

Die Ortsbestimmung macht bei Kastendrachen etwas Schwierigkeiten. Ich bezeichne die Seite, an der die Waage angebracht ist, als vorne. Wird der Drachen so aufgestellt, daß diese Fläche die Front bildet, ergibt sich eine klare Definition für oben und unten, die ich überall, außer bei Tetraederdrachen und Parafoils, beibehalte.

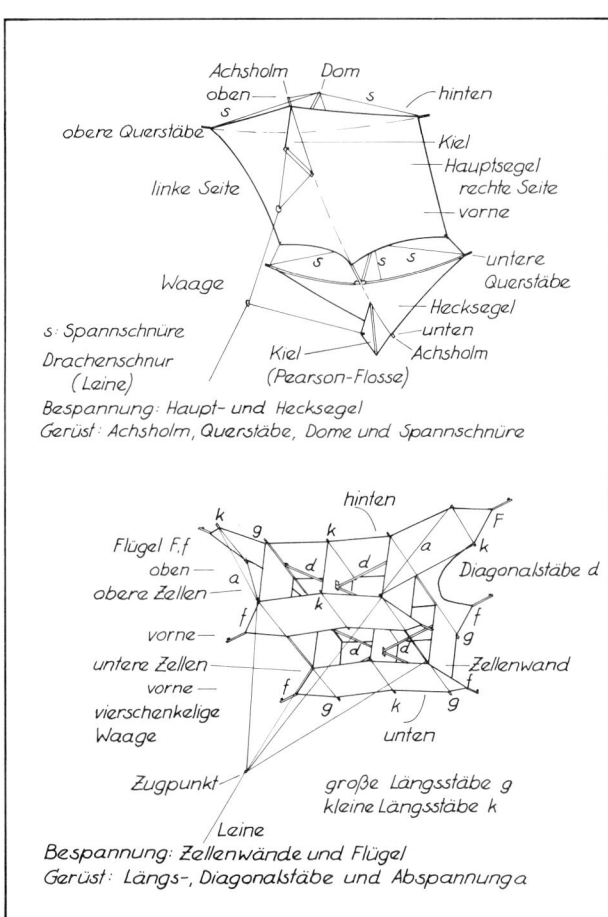

Achsholm Dom
oben — s — hinten
obere Querstäbe
Kiel
Hauptsegel
linke Seite rechte Seite
vorne
untere
Waage Querstäbe
s: Spannschnüre Hecksegel
Drachenschnur Kiel — unten
(Leine) (Pearson-Flosse) Achsholm
Bespannung: Haupt- und Hecksegel
Gerüst: Achsholm, Querstäbe, Dome und Spannschnüre

hinten
Flügel F,f k g k F
oben — a a k
obere Zellen — d d Diagonalstäbe d
vorne — t k f
untere Zellen — d d g
vorne — f Zellenwand
vierschenkelige g k g
Waage unten
Zugpunkt große Längsstäbe g
kleine Längsstäbe k
Leine
Bespannung: Zellenwände und Flügel
Gerüst: Längs-, Diagonalstäbe und Abspannung a

Drachentypen

Eine schematische Einteilung der Drachen in bestimmte Bautypen stößt auf erhebliche Schwierigkeiten, da es viele Modelle mit Merkmalen gibt, die auch bei verschiedenen Grundtypen zu finden sind.

Flachdrachen

Bei den Flachdrachen liegen alle Gerüstelemente in einer Ebene, sie benötigen zur Stabilisierung einen Schwanz. Beispiele: Spitz-, Bogen-, Birnen-, Blumen- und Hexagondrachen. Die meisten Kampfdrachen sind ebenfalls flach, aber schwanzlos. Der Flächenwinkel, der zeitweilig unter dem Winddruck entsteht, bedingt ihre Flugtauglichkeit. Auch viele andere Flachdrachen können einen kleinen Flächenwinkel einnehmen, der neben der Form und dem Schwanz einen wesentlichen Beitrag zur Flugstabilität leistet.

Gebogene Drachen

Der hervorragendste Vertreter der gebogenen oder gewölbten Drachen ist der Eddy, der durch seine zum Bogen gespannte Querleiste eine flächenwinkelige, leicht gebauschte Anordnung der Drachenhälften erfährt, die einen Schwanz überflüssig macht. Dieses stabilisierende Element wirkt bei sehr vielen Typen, die sonst in ganz andere Gruppen eingeordnet sind, wie z. B. Delta, Tetraeder, Kasten, die auf einer Kante fliegen.

Zellendrachen

Kasten- oder Zellendrachen werden durch zweiseitig offene Zellen stabilisiert. Der Querschnitt dieser Zellen ist ein Quadrat, ein Rechteck, ein Parallelogramm, ein Trapez oder ein Dreieck, seltener ein Kreis oder eine Fläche mit mehr als vier Ecken. Eine besondere Form stellen die Tetraederzellen dar. Die Flugstabilität wird durch schräg oder parallel zur Windrichtung orientierte Flächen und durch den kanalisierenden Effekt der Zellen erreicht.

Kombinierte Drachen

Man unterscheidet reine Kastendrachen, die nur aus Zellen aufgebaut sind, von den kombinierten Formen, die außer Zellen auch noch Flügel oder auch Kiele besitzen. Sie sind die formenreichste Gruppe, zu der alle geflügelten Kästen und auch die berühmten Conyne-, Peter-Lynn-Kasten- und Cody-Drachen gehören.

Halbflexible Drachen

Etwas anderen Einteilungskriterien folgend, faßt man die halbflexiblen Drachen, z. B. Sleds (Schlittendrachen), Deltas und Flexifoils zusammen. Sie haben nur Gerüstteile, die die Bespannung versteifen, aber nicht starr miteinander verbunden sind.

Flexible Drachen schließlich besitzen überhaupt keine festen Stützen. Sie werden in der Regel erst durch den Wind in Form gebracht. Zu ihnen gehören Parafoils und gerüstfreie Rogallo-Flügel.

Rotierende Drachen, die keine sehr große Bedeutung haben, müssen als eine Sonderform dreidimensionaler Drachen eingestuft werden.

Viele Drachen können nur durch die Nennung aller möglichen Zuordnungen klassifiziert werden. Ein Beispiel: Der Delta-Conyne (Seite 93) ist ein Drachen mit flächenwinkeliger, gebauschter, halbflexibler Anordnung der beiden Segelhälften, kombiniert mit halbflexiblen Dreieckszellen.

Aber vielleicht ist es gerade reizvoll, daß sich nur wenige Drachen in ein klares Schema pressen lassen und der Erfindungsgabe und der Fantasie ein breites Feld bleibt, um immer wieder neue Formen zu schaffen, bei denen das Zusammenspiel aller Effekte nicht vorausberechenbar ist, sondern nur empirisch durch ausführliche Erprobung in der Natur zu erfahren ist.

Bauanleitungen

Planen Sie den Bau eines Drachens sehr sorgfältig. Lesen Sie zunächst die ganze Bauanleitung aufmerksam durch. In der Randspalte finden Sie zwischen zwei schwarzen Querbalken alle wichtigen Materialien aufgelistet. Werkzeuge gebe ich nur vereinzelt an, sie ergeben sich in der Regel aus den verwendeten Materialien, und es wird kaum einmal mehr nötig sein, als in einem Haushalt, in dem öfter gebastelt wird, normalerweise vorhanden ist. Für die meisten der beschriebenen Modelle ist der finanzielle Aufwand gering. Halten Sie sich an meine Empfehlungen, und greifen Sie auf keinen Fall zu minderwertigem Material, zu dessen Verarbeitung Ihre kostbare Freizeit zu schade ist. Für Bespannstoffe mit bekannter Breite wird der Bedarf in laufenden Metern (lfm) angegeben. Aus Raumgründen ist die Stückzahl häufig nur mit einem x in Klammern dem Gegenstand vorangestellt.

Die Zeichnungen sind überall, wo ich es für dienlich halte, mit Maßangaben in cm versehen. Nur wenn die Maßeinheit nicht cm ist, sind die Dimensionen ange-

*Größe der Drachen an
Material anpassen*

*Vergrößern
und Verkleinern*

Schnittzeichnungen

v, R, i

Waagenschenkel in cm

Bft

*Bauen und testen
Sie Ihre Drachen zum
Vergnügen*

schrieben. Lassen Sie sich nicht durch Zeichnungen irritieren, die nicht maßstäblich sind; die Zugaben für Säume, Nähte und Taschen mußte ich häufig zur Verdeutlichung größer herausstellen. Achten Sie darauf, daß die Maße für die Bespannung und für das Gerüst öfter getrennt dargestellt werden. Die Größe einiger Drachen ist willkürlich festgelegt. Die Maße der Mehrzahl der Drachen ist aber so gewählt, daß die verfügbaren Materialien günstig genutzt werden können. Wenn Sie meine Maße verändern, lassen Sie die Proportionen möglichst gleich, was Sie erreichen, wenn Sie alle Angaben mit demselben Faktor multiplizieren. Fertigen Sie ausführliche Skizzen an, in die Sie alle Größen eintragen, und gehen Sie erst ans Zuschneiden, nachdem Sie alle Vorüberlegungen nochmals überprüft haben. Passen Sie die Gerüststäbe in ihrem Querschnitt den veränderten Maßen an.

Die Strategie des Zusammennähens habe ich meistens in übersichtlichen Schnittzeichnungen dargestellt. In diesen Zeichnungen finden Sie immer wieder dieselben Buchstabensymbole; es bedeuten: v = Vorderseite, R = Rückseite und i = Innenseite des fertigen Drachens. Die Maße für zwei- und mehrschenkelige Waagen sind ebenfalls um die Bezeichnung cm zu ergänzen. Die Zahlenangaben beziehen sich auf die Waagenschenkel in der Reihenfolge von oben nach unten. Die Waagen müssen Sie immer in Flugversuchen für Ihre Modelle individuell korrigieren und fein einstellen.

Bei einigen Drachen beschreibe ich das Flugverhalten bei bestimmten Windstärken. Die Abkürzung Bft bezeichnet die Windstärke nach der Beaufort-Skala.

Das Drachenbauen soll eine lustvolle Auseinandersetzung mit den Baumaterialien sein. Arbeiten Sie daher nie unter Zeitdruck, und testen Sie Ihre fertigen Modelle in Ruhe aus. Beziehen Sie Ihre Familie und Ihre Freunde in Ihr Spiel mit den Drachen ein, und erleben Sie mit ihnen gemeinsam die Freude an Ihrem gelungenen Werk.

Der behäbige zweiundzwanzigzellige Bell-Tetraeder läßt erahnen, warum Bell auch Menschen solchen Apparaten aus vielen Tetraederzellen anvertrauen wollte.

Einfach zu bauen

Die ersten Bauanleitungen haben gemeinsam, daß sie einfach, wenn auch mit unterschiedlichem zeitlichem Aufwand durchzuführen sind. Während die Müllsackröhre außerordentlich billig, leicht und schnell zu basteln ist, muß man in die Herstellung einer größeren Zahl von „Elementen" erhebliche Zeit investieren, um zu den großartigen variationsfähigen Gebilden zu kommen, die den Reiz dieses Systems ausmachen. Die „Möwe" und auch der „Lenkdrachen billigst" sind mit bescheidenen Mitteln zu bauen, während der „Kunstflug-Eddy", dessen Bespannung bei seinen spektakulären Flugkünsten hart beansprucht wird, sorgfältig mit einer Nähmaschine genäht werden muß.

Bei der Müllsackröhre geht man von handelsüblichen 90-l-Müllsäcken aus, die meist aus blauer Niederdruck-polyethylenfolie bestehen und außerordentlich reißfest sind. Beim Zuschnitt verwenden Sie eine Leiste mit zwei Löchern im Abstand von 26 cm als Hilfszirkel für den Ausschnitt an der Oberkante, der den Eintritt der Luft von vorne begünstigt. Im Experiment hat sich diese Ausschnittsform als am wirkungsvollsten erwiesen. Die Röhre kann ganz unterschiedliche Form annehmen, je nachdem, ob Sie die untere Öffnung unverändert lassen oder durch eine Verbindung in der Mitte oder durch zwei Verbindungen (wie gezeichnet) verengen. Eine solche Röhre konnte ich bis 5 Bft stundenlang mit angebundener Leine frei fliegen lassen.

Müllsackröhre

Sie brauchen:
Einen 90-l-Müllsack aus Polyethylenfolie, drei Leisten 5 x 3 oder 5 x 5 mm oder entsprechende Rundstäbe, 78 cm lang. Klebeband und Klebefilm. Zweischenkelige Waage ca. 100/100 (mit Aluminiumring).

Schneiden Sie am Müll-
sack die untere Schweiß-
naht ab, und spannen
Sie den so entstandenen
Folienschlauch doppel-
lagig auf eine schnitt-
feste Unterlage. Markie-
ren Sie je ein Drittel,
indem Sie die Breite
von links nach rechts im
Verhältnis 2:1 teilen.
Schneiden Sie zu, und
bringen Sie die Längs-
stäbe entlang den
Drittellinien an.

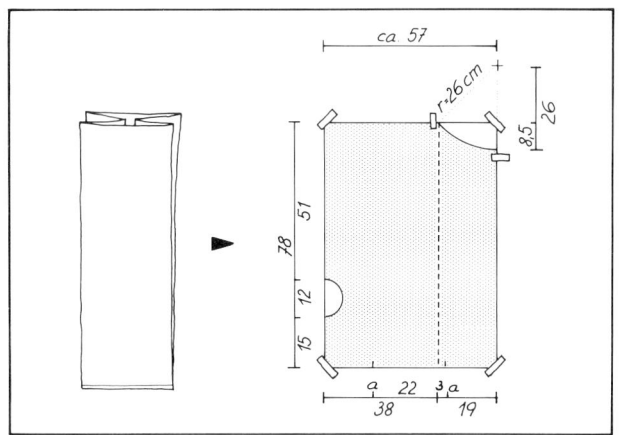

Bevor Sie die Folie
12 cm vom oberen Rand
entfernt für die Waagen-
schnur durchstechen,
kleben Sie Klebeband
als Verstärkung auf.
In der Mitte der Waage
können Sie mit einem
Überhandknoten ein
Auge für die Leinenbefe-
stigung abbinden oder
besser einen Zugring mit
einem Buchtknoten ein-
setzen.

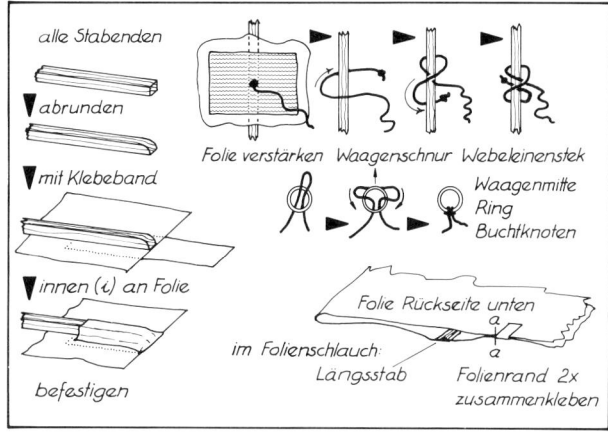

Die Müllsackröhre fliegt
auch bei böigem Wind.
Ich binde sie gerne mit
einer 10 bis 20 m langen
Seitenleine in die Leine
eines steil fliegenden
Drachens ein, da sie sich
flach einstellt und
dadurch kaum mit der
Hauptleine kollidieren
kann.

Der sechszackige Stern aus 24 Grundelementen bringt nahezu 800 g auf die Waage.
Trotzdem fliegt er schon bei mäßigem Wind

Viele Drachen aus gleichen Elementen

Für ein Element brauchen Sie:
Leisten 5 x 3 mm, 2 mit 73 cm und 6 mit 29,4 cm Länge. 3 (Pergamin-) Papierstreifen, 15 x 30 cm, Holzleim, Alleskleber, 12 Streifen aus glasfaserverstärktem Klebefilm, je ca. 1 x 4 cm.

Aus Japan kommt die Methode, Kastendrachen aus steifen Flächenelementen zusammenzusetzen. Meine Elemente, die sich an japanische Vorbilder anlehnen, bieten erstaunlich viele Kombinationsmöglichkeiten. Ein Flächenelement allein, mit einer vierschenkeligen Waage und einem wirkungsvollen Schwanz kann als Flachdrachen fliegen. Die Verbindung zu Zellendrachen führe ich mit kleinen Abschnitten aus Kunststoff- und Fahrradschläuchen durch. So ein System eignet sich hervorragend für eine Bastelgruppe. Schon mit drei Elementen hat jedes Gruppenmitglied einen brauchbaren dreizelligen Dreieckskastendrachen. Vereint man die Bausteine der Gruppe, ergeben sich unzählige Kastenvarianten.

Fügen Sie das Gerüst mit Holzleim zusammen. Nach dem Abbinden richten Sie die Gerüststäbe genau rechtwinkelig aus und bringen mit Alleskleber die Papierbespannung auf. Lassen Sie gut durchtrocknen, bevor Sie alle Verbindungen mit den glasfaserverstärkten Klebefilmstreifen sichern.

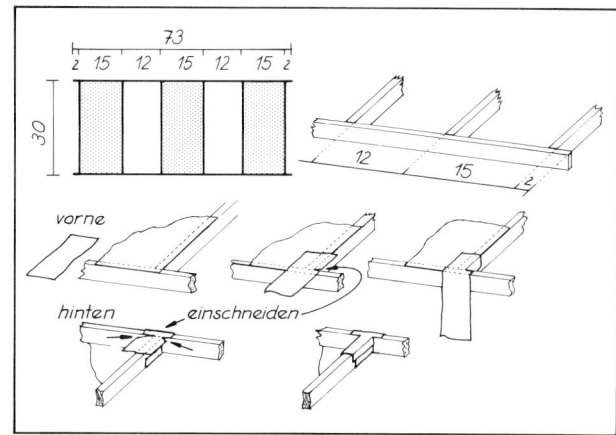

Flachdrachen
Ein einzelnes Element mit einer vierschenkeligen Waage und einem 5 m langen und 17 cm breiten Kreppapierschwanz fliegt zuverlässig. Am einfachsten wählen Sie zwei genau gleich lange Waagenschnüre, dann können Sie an einem Ring einstellen. Die Leine befestigen Sie mit einem Achtknoten oder einem Palstek.

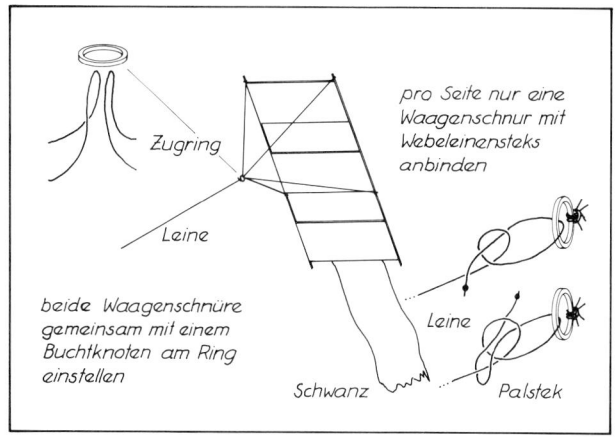

Dreizeller

Mit kurzen PVC-Schlauch-stücken, ∅ innen 7 mm, werden die Elemente zusammengesteckt. Der Dreieckskasten versteift sich selbst. Beim Vier-eckskasten legen die Knoten an der Schnur a die (nicht unbedingt quadratische) Form fest, während b mit Gummi-ringen (Fahrradschlauch) senkrecht dazu spannt.

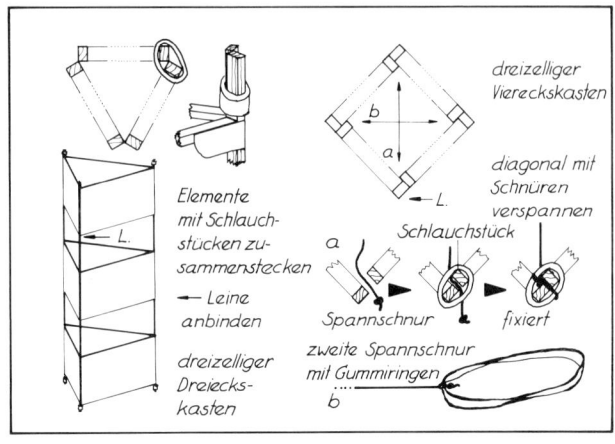

Zwölf- und Fünfzehnzeller

Die Kanten, die verbun-den werden sollen, umschlingt man an den überstehenden Enden jeweils mehrmals mit Gummiringen. Wenn ich die Leine nur oben an den überstehenden Leisten festbinde, führe ich das Leinenende durch den Drachen zu hinteren Gerüststäben.

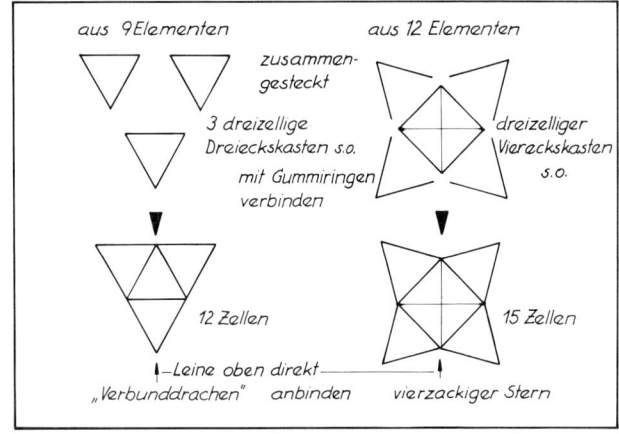

Achtzehn- und Sechs-unddreißigzeller

Gehen Sie am besten wieder von kleineren zu-sammengesteckten Ein-heiten aus, und verfah-ren Sie wie bei den vor-ausgegangenen Kom-binationen. Die direkte Leinenbefestigung ganz oben sichern Sie da-durch, daß Sie das Lei-nenende auch im Dra-cheninnern bzw. an der Rückseite gut anbinden.

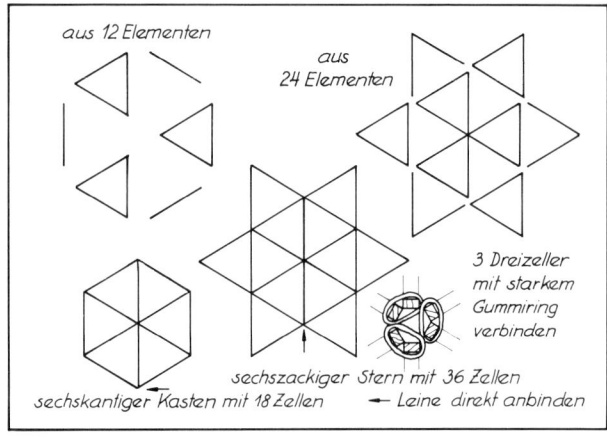

18

Der dreizellige Vierecks-
kastendrachen und der
Verbunddrachen fliegen
ab Windstärke 3 Bft
ohne Waage ganz zuver-
lässig. Deutlich sehen
Sie die Schnur-Gummi-
Verspannungen an den
oberen und unteren En-
den des Viereckskastens.
Die Dreieckskastendra-
chen, aus denen der
Verbunddrachen aufge-
baut ist, sind als Kette
auf Seite 104 abgebildet.

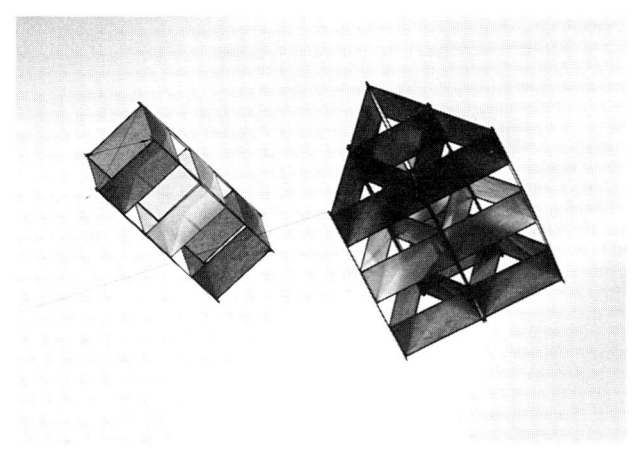

Diesen Blick auf die
Unterseite des vierzacki-
gen Sterns erhält man,
wenn man den Drachen
von der dem Drachen-
piloten entgegengesetz-
ten Seite betrachtet.
Beachten Sie auch hier
die Verspannung des
vierkantigen Grundkör-
pers, die das ganze
Gebilde in Form hält,
und die Leine, die vorne
angebunden und nach
hinten geführt wird.

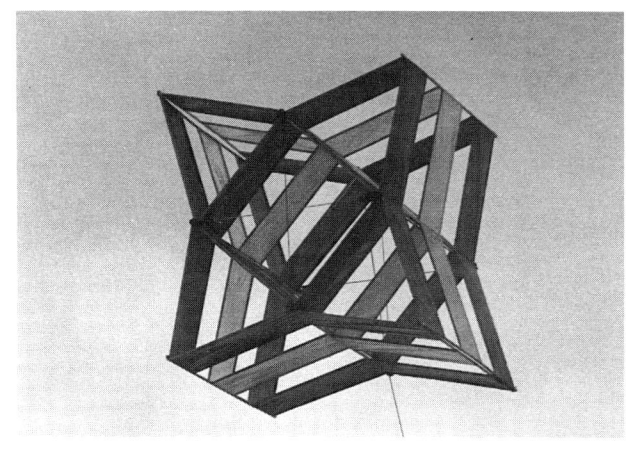

Ein Muster an Symmetrie
und ein überzeugendes
Beispiel für die mecha-
nische Stabilität einer gut
verstrebten Konstruktion:
der sechskantige
Kasten mit 18 Zellen.
Beim ersten Probestart
faßte ich den Kasten
am oberen Überstand
einer Kante, hielt ihn
daran hoch und hatte
sofort den richtigen
Befestigungspunkt für
die Leine.

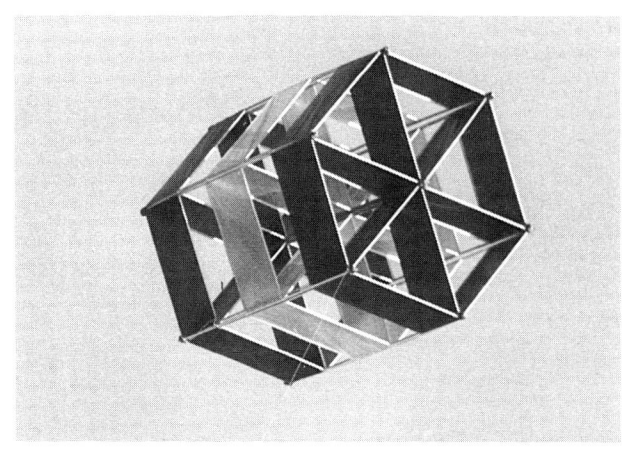

Möwe

Sie brauchen:
Einen großen Tyvekrest (im Möwenkörper können Sie auch stückeln).
5 käufliche Bambussplittstäbe, 50 cm lang. PVC-Schlauchstücke (1 x) 3 cm lang, ⌀ innen 6 mm, (2 x) 3 cm lang, ⌀ innen 4 mm; 2 Al-Blechstreifen, ca. 3 mm breit, 7 cm lang. Alleskleber, Draht.

Fertigen Sie zunächst eine Schablone, mit deren Hilfe Sie zwei spiegelbildliche Formen zuschneiden. Kiele ganzflächig zusammenkleben. Die Naht zwischen den Flügeln überkleben Sie mit einem Tyvekstreifen.

Möwen, mit ihren erstaunlichen Flugkünsten, kann man am besten auf einer Schiffsreise beobachten. Am meisten beeindruckt bin ich immer wieder von ihrem Segelflug, in dem sie ohne einen Flügelschlag minutenlang ein fahrendes Schiff begleiten und genau dessen Geschwindigkeit einhalten. Liegt es nicht nahe, einem Drachen die Gestalt einer Möwe zu geben?

Die Tyvekbespannung wird hier nicht genäht, sondern nur geklebt, so daß der Nachbau besonders einfach ist. Wesentliche Teile für einen schnellen Aufbau sind die Steckverbindungen am Achsholm und an den Flügeln, die wirklich leicht aus kleinen Abschnitten von Kunststoffschläuchen herzustellen sind.

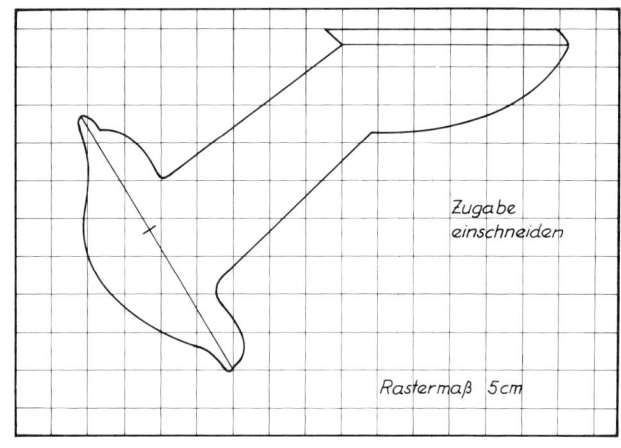

Zugabe einschneiden

Rastermaß 5 cm

Die Mittelverbindung ist hier sehr einfach aus einem kräftigen PVC-Schlauchstück und zwei Al-Blechstreifen geformt. Die Spreizen müssen in ihr fest sitzen. Enden eventuell auffüttern! Die dünneren Schlauchstücke liefern die Spreiz-Kantenstab-Verbindung. Eine alternative Mittelverbindung finden Sie auf den Seiten 117 und 118.

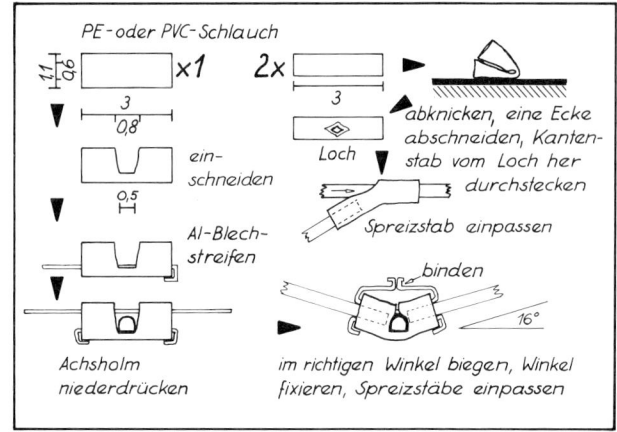

PE-oder PVC-Schlauch

×1   2×

einschneiden

Al-Blechstreifen

Achsholm niederdrücken

abknicken, eine Ecke abschneiden, Kantenstab vom Loch her durchstecken

Loch

Spreizstab einpassen

binden

im richtigen Winkel biegen, Winkel fixieren, Spreizstäbe einpassen

Den Achsholm kleben sie mit Tyvekstücken an. Die Kantenstäbe müssen Sie sehr genau einpassen. Ein kleines gebogenes Bambusleistchen versteift den Kiel und verhindert ein Ausreißen der Löcher, in die ein kleiner Drahthaken mit der Leine eingehängt wird.

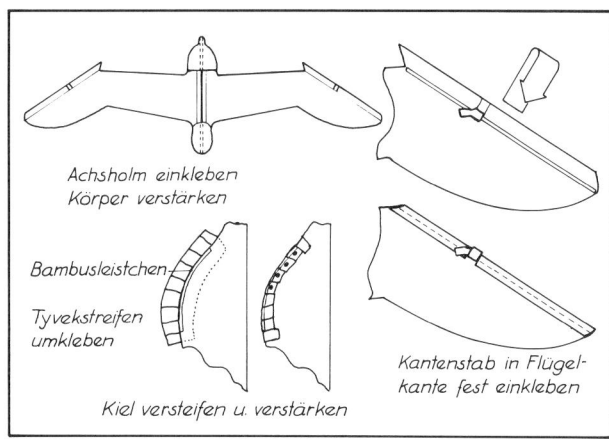

Achsholm einkleben
Körper verstärken

Bambusleistchen

Tyvekstreifen umkleben

Kiel versteifen u. verstärken

Kantenstab in Flügelkante fest einkleben

In der Eleganz ihres segelnden Flugs eifert die Tyvekmöwe ihrem Vorbild aus der Natur nach. Am besten liegt ihr eine schwache bis mäßige Brise (3 bis 4 Bft). Durch die weit ausladenden Flügel reagiert sie etwas empfindlich auf böigen Wind.

Kunstflug-Eddy

Sie brauchen:
Tyvek, ca. 100 x 100 cm.
Raminleisten, 7 x 7 mm,
23 und 85 cm lang,
2 Raminrundstäbe,
⌀ 8 mm, je 52 cm lang.
6 m geflochtene Schnur,
⌀ 1,5 mm. Alleskleber,
Nähzeug (Nähmaschine),
3 Ösen, 1 Dosenklemme,
steifen Draht, 1 Al-Ring,
⌀ 1 bis 2 cm. Material
für Steckverbindung s. u.
2 zweischenkelige
Waagen, je 62/86.
1 Schlauchschwanz.

Die Maße für Gerüst und
Bespannung sind für
den flach ausgebreiteten
Drachen dargestellt.
Die beiden Querstäbe
sind nach hinten um 12°
geneigt eingesteckt und
werden zusätzlich durch
eine Sehne nach hinten
gebogen, so daß ein
Flächenwinkel entsteht.

Schneiden Sie die Tyvek-
bespannung mit 1,5 cm
Saumzugabe zu. Schnur
in den Saum einarbeiten
und Schlaufen zum
Spannen an allen vier
Ecken schaffen.
An den Punkten W ver-
stärken Sie die Bespan-
nung mit 4 x 4 cm großen
Tyvekstücken. Wenn
alle Klebungen trocken
sind, Saum nähen und
Ösen einschlagen.

Der Eddy, ein außergewöhnlich zuverlässiger schwanz-loser Drachen, der nach malaiischen Vorbildern 1890 von William Eddy entwickelt wurde, kann auch als Zweileinen-Lenkdrachen gebaut werden. Er hat Eigenschaften, die man bei vielen käuflichen Lenkdrachen vergeblich sucht. Mein Prototyp war einen ganzen Sommerurlaub lang Favorit bei meinen jungen Drachenfreunden am Hennestrand. Mit 60-m-Leinen lag der Rekord bei 28 seitlichen Überschlägen bei einem Abstieg. Er läßt sich sanft landen und ohne fremde Hilfe wieder starten. Wenn Sie mit Ihrem Modell genügend Erfahrung gesammelt haben, sollten sie sich unbedingt ein farblich gut abgestimmtes Dreiergespann vornehmen.

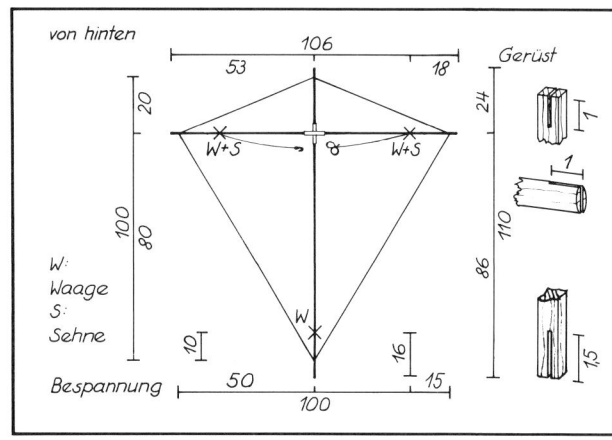

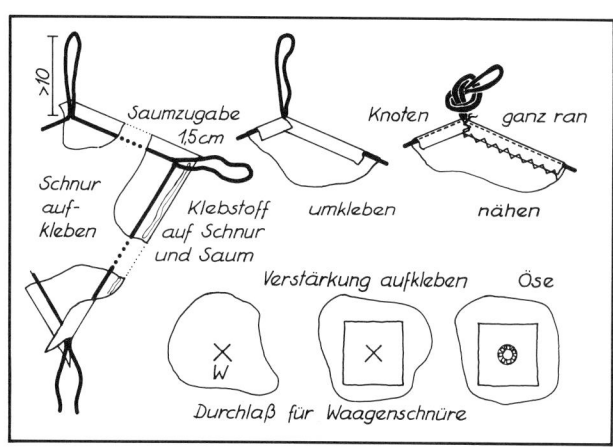

Die Steckverbindung hat für den 7 x 7-mm-Achsholm eine Öffnung von 7 x 8 mm, um einen Al-Blechstreifen mit einschieben zu können. Beim Bruch des Achsholms zieht man zuerst diesen Blechstreifen heraus, dann läßt sich das abgebrochene Holz ebenfalls leicht entfernen. Eine alternative Steckverbindung finden Sie auf den Seiten 117 und 118.

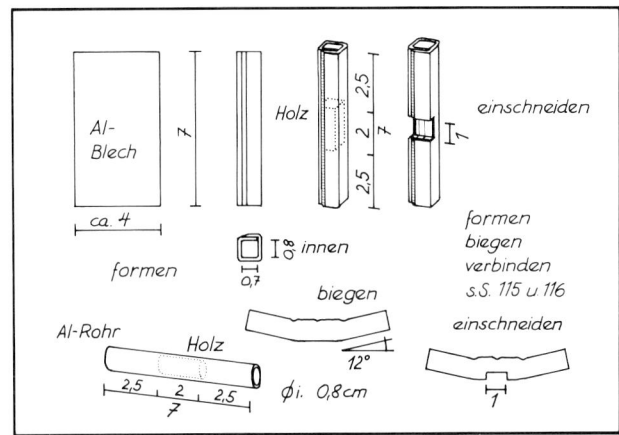

Durch starkes Ziehen an der rechten Leine wird der Kunstflug-Eddy zu einer Serie von Überschlägen im Uhrzeigersinn gebracht. Routinierte Piloten zählen diese Überschläge, um durch die gleiche Zahl von Drehungen im Gegensinn die Leinen wieder zu entdrillen. Vom Piloten aus scheint es, als wolle der Drachen sich in seinen eigenen Schwanz verheddern (Bild oben).
Tatsächlich befindet sich nicht der ganze Schwanz bei den Überschlägen in einer Ebene mit dem Drachen. Der nach hinten gewehte Schwanz vollzieht die Bewegungen des sich überschlagenden Drachens nach, wodurch er zur laufenden Spirale wird (nebenstehendes Bild, von der Seite gesehen).

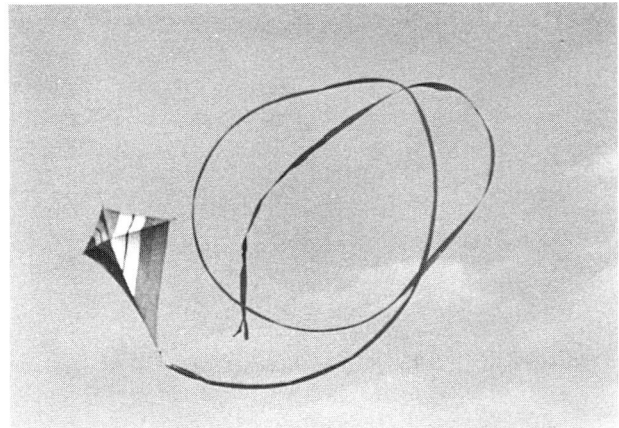

Die beiden Waagen schaffen Sie aus nur einer Schnur, deren Mitte Sie unten mit einem Kreuzknoten und deren beide Enden Sie an den Querstreben (wie auch die Sehne) mit Webeleinensteks anbinden. Die Sehne erhält in der Mitte eine Verbindung aus Drahthaken und Al-Ring. Den oberen Rand des Schlauchschwanzes sollten Sie versteifen.

Lenken

Bekanntlich lenkt man mit zwei Schnüren durch Zug an der Leine der Seite, nach der sich der Lenkdrachen bewegen soll. Achten Sie auf genau gleiche, gut gleitende, wenig dehnbare und dünne, aber gut belastbare Drachenleinen. Mit etwas Erfahrung können Sie richtige Figuren fliegen. Der junge Michael Allan Jones aus Baltimore, USA, hat in Kites Lines, Vol. 5, Nr. 3, für insgesamt

Kunstflugfiguren

30 solcher Kunstflugfiguren eine Nomenklatur vorgeschlagen, die mit einer liegenden Acht beginnt und, wohl etwas überspannt, Flügen, die teilweise unter Wasser verlaufen, endet. Für die letztgenannte Figur ist der Lenk-Eddy bestimmt ungeeignet.

Nach dem großen Erfolg mit meinen Kunstflug-Eddys machte ich mich an die Konstruktion eines Lenkdrachens, der noch einfacher, vor allem aber besonders billig und auch von sehr jungen Drachenenthusiasten

Lenkdrachen billigst

nachzubauen sein sollte. Es entstand ein Modell, das ein sehr stabiles, aber leichtes, zerlegbares Gerüst und ein reißfestes nachspannbares Segel besitzt sowie sehr wendig den Lenkbefehlen folgt. Alle Materialien sind leicht zu beschaffen und gut zu bearbeiten. Dieser Lenkdrachen eignet sich auch ganz besonders für eine Bastelgruppe Jugendlicher, von denen jeder schnell zu einem preiswerten eigenen Kunstflugdrachen gelangen, aber das große Erlebnis in der Vereinigung aller Drachen der Gruppe zu einem großen Gespann finden will (siehe Farbfoto Seite 109).

Sie brauchen:
HDPE-Folie (90-Liter-Müllsack), 4 Bambussplittstäbe (3x) 50 cm und (1x) 70 cm lang. Klebeband, Klebefilm, Alleskleber, dünne Schnur, 2 zweischenkelige Waagen je 44/55. Ca. 12 cm PVC-Schlauch, ∅ innen ca. 4 mm, Draht, geflochtene Schnur.

Die Kreuzverbindung besteht aus einem flexiblen Schlauchstück, daher muß der Flächenwinkel durch einen Spreizstab und eine Sehne fixiert werden. Der Zuschnitt erfolgt am besten direkt aus dem doppellagig aufgespannten Folienschlauch.

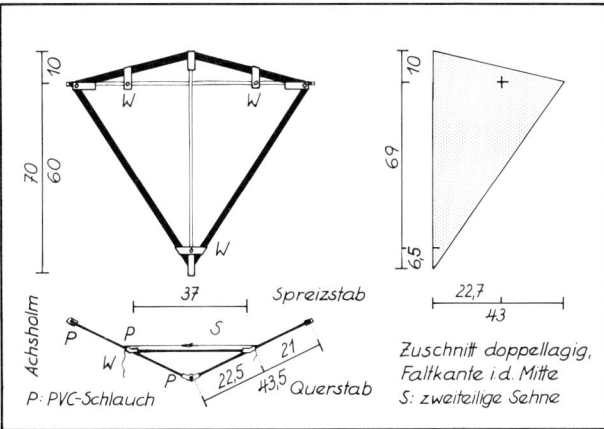

Alle Ränder müssen Sie gegen Einreißen schützen. Verwenden Sie farbiges Klebeband, das gleichzeitig den Drachen schmückt. Die Löcher für die Waagenschnüre sind durch Klebeband ausreichend gesichert. Die Schnüre für die seitlichen Spanner führen Sie am besten durch Ösen.

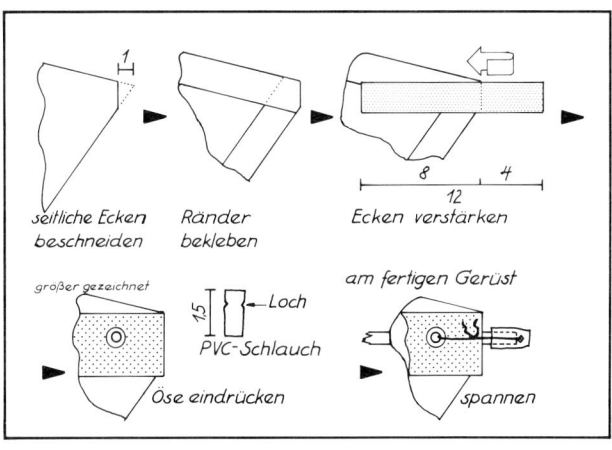

Alle Schlauchverbindungen am Gerüst haben das gleiche Maß. Oberhalb und unterhalb der Mittelverbindung verhindert je ein Tropfen Klebstoff ein Verrutschen auf dem Achsholm. Die Stecker für die Spreize sichern Sie entsprechend erst, nachdem Sie die zweiteilige Sehne und die Waagenschnüre angebracht haben.

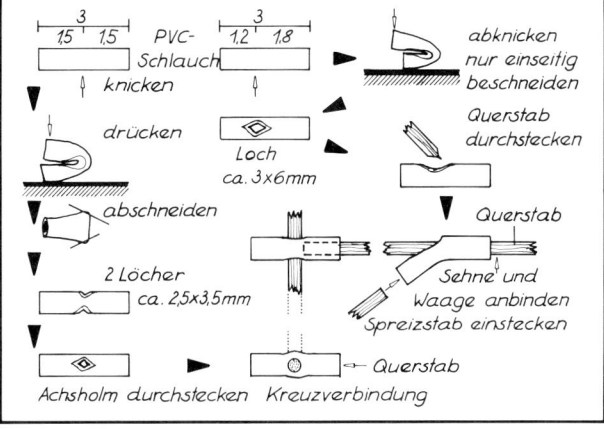

Die beiden Teile der Sehne werden in der Mitte durch einen Drahthaken zusammengehalten.

Oben und unten befestigen Sie die Bespannung bleibend am Achsholm. Für den Gespannflug hat es sich als günstig erwiesen, die Waagen- bzw. Verbindungsschnüre an kleinen Drahtösen anzubinden.

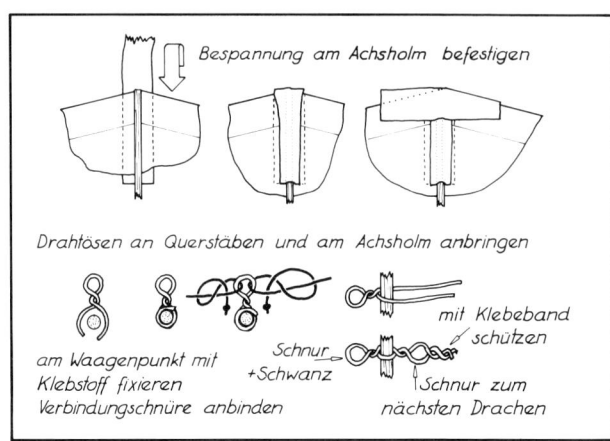

Bespannung am Achsholm befestigen

Drahtösen an Querstäben und am Achsholm anbringen

am Waagenpunkt mit Klebstoff fixieren Verbindungschnüre anbinden

Schnur +Schwanz

mit Klebeband schützen

Schnur zum nächsten Drachen

Der „Lenkdrachen billigst" reagiert wieselflink auf die Lenkbefehle. Das Foto zeigt ihn nach einem seitlichen Looping nach rechts, der durch kurzes kräftiges Ziehen an der rechten Leine ausgelöst wurde. Der untere Teil des Schlauchschwanzes zeichnet diese Bewegung gerade nach. Anschließend wurden beide Leinen für einen Augenblick gestrafft, so daß der Drachen wieder Höhe gewinnen konnte. Soeben wird an der linken Leine gezogen, um den Gegenschlag einzuleiten.

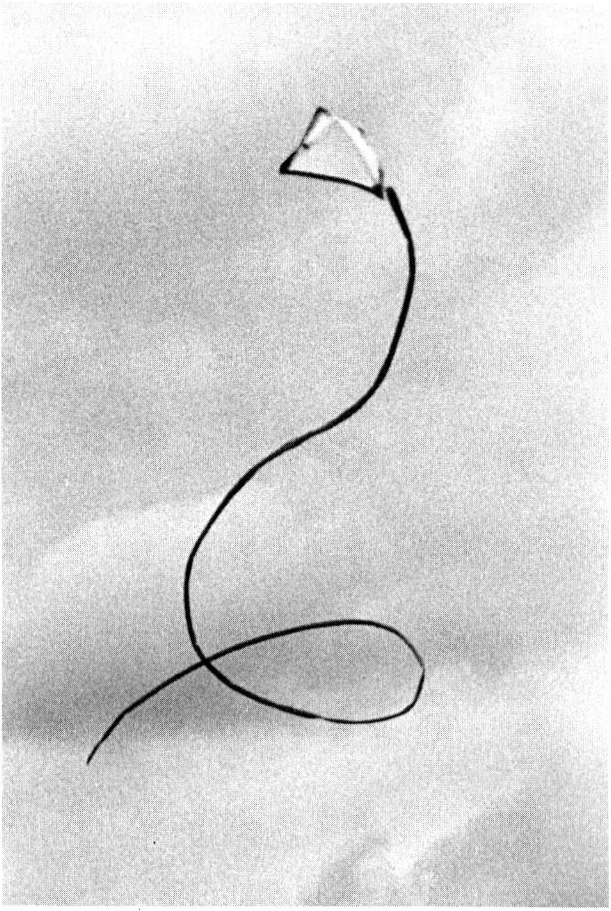

Berühmte Asiaten

Ost- und Südostasien werden allgemein als die Wiege der Drachen angesehen. Obwohl viele Forscher annehmen, daß ihre Verbreitung von China ausging, gibt es Hinweise darauf, daß in verschiedenen Kulturen vollkommen unabhängig voneinander einfache Drachen schon vor mehr als zweitausend Jahren gebaut und geflogen wurden. Vor allem in China, Japan, Korea, Malaysia, Thailand, Indien und Sri Lanka hat der Umgang mit Drachen eine lange Tradition, zum Teil auch religiöse und kultische Bedeutung. Betrachtet man die historischen Drachen nur dieser Länder, so findet man dort eine solche Vielfalt an Formen- und Gestaltungsvarianten, daß es wirklich unmöglich ist, nur annähernd alle Modelle zu registrieren, geschweige denn aufzuarbeiten. Ich beschränke mich hier auf eine kleine Auswahl asiatischer Schönheiten, deren Nachbau ich als besonders lohnend ansehe. Teilweise habe ich die Modelle unseren modernen Materialien angepaßt. Das Gerüstmaterial Bambus sehe ich aber als unersetzlich an und möchte Sie daher ermuntern, sich unbedingt mit diesem hervorragenden Baustoff auseinanderzusetzen (S. 113). Als Bespannung verwendet man in den Ursprungsländern Seiden-, Reis- oder Japanpapier oder Seidenstoffe. Nur im Falle des indischen Kampfdrachens und des chinesischen Fruchtbarkeitsdrachens habe ich die originalen Bespannmaterialien eingesetzt. Ansonsten bevorzuge ich reißfestes synthetisches Segelmaterial.

Rokkaku

Sie brauchen:
Einen Bambusstab,
∅ ca. 2 cm, 116 cm lang.
Spinnakernylon siehe
Zuschnitt! Stoffreste.
4 Ösen, geflochtene Per-
lonschnur, ∅ ca. 1,5 mm;
Klebstoff, Leinenband
(Nähmaschine).
Vierschenkelige Waage
106/106/130/130.

Erhaltenswerte Traditionen trotz der rasanten Entwicklung im technischen Bereich zu pflegen, ist eine Eigenschaft, die das japanische Volk auszeichnet. In diesem
Land gibt es noch heute wohl über hundert Drachenma-
cher, die überlieferte Modelle handwerklich herstellen.
Eines davon ist der Sanjo Rokkaku, ein auf der Spitze
fliegender Hexagondrachen, der in der Regel das Antlitz
historischer Krieger aufgemalt bekommt. Im Handel
erhält man den Rokkaku meist ohne Achsholm um die
Querstreben aufgewickelt. Auch unser Modell, aus Spinnakernylon gearbeitet und mit dem japanischen Schrift-
zug für „Drachen" verziert, läßt sich, nach Entnahme des
Längsstabes, in eine schlanke Rolle verwandeln.

Schneiden Sie die Be-
spannung mit Saumzu-
gabe zu. Spalten Sie den
Bambusstab und schnit-
zen Sie daraus die
Gerüststäbe mit einem
Querschnitt von ca. 4 x 8
mm. Um die Stabenden
formen Sie die Taschen
(siehe Seite 87).
Bevor Sie die Ösen für
die Waagenschnüre ein-
schlagen, wird die
Bespannung an den vier
Waagenpunkten ver-
stärkt.

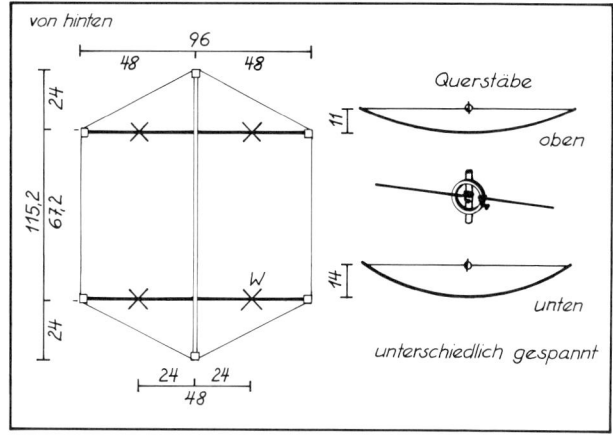

Die Waagen- als auch
die Sehnenschnüre
befestigen Sie bleibend
auf den ausbalancierten
Querstäben mit Webe-
leinensteks. Über den
Achsholm-Querstabkreu-
zungen binden Sie eine
Schleife aus Leinenband.
Zum Transport entneh-
men sie nur den Achs-
holm und wickeln
dann die Bespannung
um die Stäbe auf.

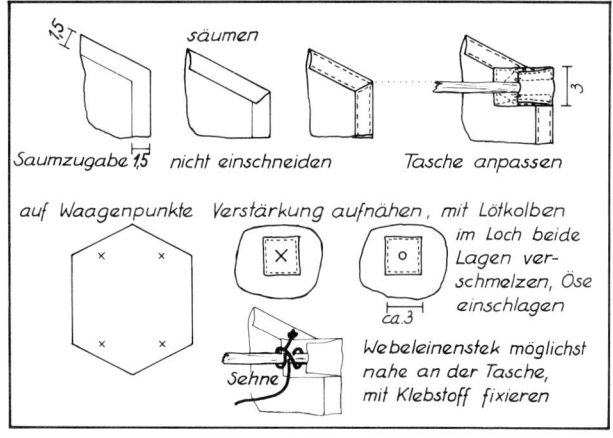

Der Sanjo Rokkaku nimmt in der Luft eine charakteristische Form an. Auf diese modernisierte Ausführung ist das japanische Schriftzeichen für Drachen appliziert.

Der Sanjo Rokkaku muß sehr sorgfältig getrimmt werden. Die angegebene Waageneinstellung war bei einer mittleren Windgeschwindigkeit von 3 bis 4 Bft bei meinem Modell optimal. Vierschenkelige Waagen sind nur bei den kleineren Ausführungen üblich. Etwa 2,4 m hohe Rokkakus, wie sie z. B. bei dem großen Shirone-Drachenfestival neben den rechteckigen O-dako-Riesendrachen geflogen werden, haben vom oberen Kreuzungspunkt ausgehend einen fünften Waagenschenkel, den Sie ebenfalls anbringen sollten, falls Sie meine Vorlage wesentlich vergrößern wollten. Entsprechend labil eingestellt, kann dieser Drachen gut manövriert werden, so daß er auch als Kampfdrachen geeignet ist.

Chinesischer Fruchtbarkeitsdrachen

Sie brauchen:
Einen Bambusstab, ca. 160 cm lang, ⌀ ca. 2 cm, der beim Spalten alle Gerüstteile liefert.
2 Bogen Reispapier.
Getreideähren- oder Maschenschwanz.
Spannschnur, ⌀ 1,5 mm.
Zweischenkelige Waage 43/84.

Der Hut eines chinesischen Bauern, der vom Wind entführt wurde, soll nach einer alten Sage die Anregung zur Erfindung des Drachens gegeben haben. Aus China kommen viele Berichte über frühe Nutzanwendungen der Drachen bis hin zum bemannten Flug.

Der Fruchtbarkeitsdrachen dient in China einem alten Fruchtbarkeitskult. An den seitlichen Spitzen und am Schwanz werden kleine Reisstrohbüschel mit gefüllten Ähren befestigt. Schon ein mäßiger Wind reicht aus, um diesen verhältnismäßig leichten Drachen lebendig aufsteigen zu lassen. Beim Flug über die Felder schüttelt der Wind die Ähren aus. Diese Aussaat im kleinen soll symbolhaft einen großen Erntesegen beschwören.

Spalten Sie zunächst den Bambusstab, und schnitzen Sie daraus die Gerüststäbe mit den angegebenen Querschnitten. Machen Sie sich die Mühe, alle Splittleisten so zu bearbeiten, daß sie glatte Oberflächen haben, sich gleichmäßig biegen lassen und tadellos ausbalanciert sind. Biegen Sie die Querstäbe nur leicht vor (Flamme, Dampf).

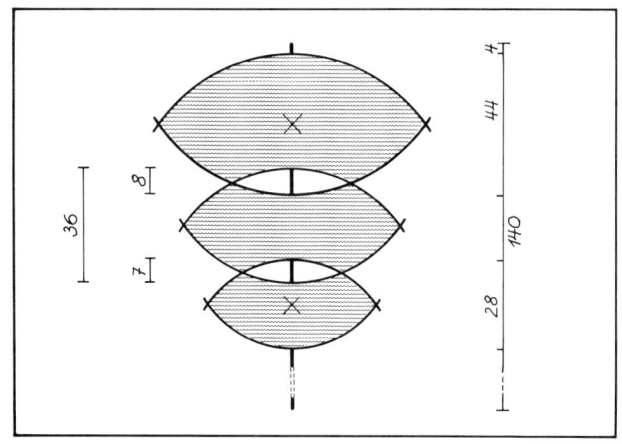

30

Schaffen Sie die Kerben nahe den Enden der Bogenleisten. Formen Sie die „Linsen" erst, nachdem Sie die Mitte der Leisten auf dem Achsholm festgeschnürt haben. Reispapierbespannung auf ebener Unterlage aufspannen, Gerüst aufkleben, Bögen korrigieren, beschwert trocknen lassen. Papier mit 2 cm Zugabe ausschneiden, umkleben.

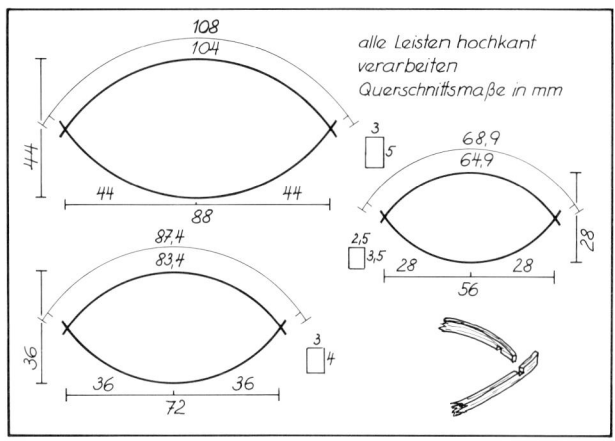

Die erste und zweite Linse werden je mit einer Sehne gebogen, die sich zum Transport einseitig aushängen läßt. In Ermangelung von Reisstroh habe ich für den Schwanz einige Ähren heimischer Getreide an Wegrändern gesammelt. Ein Maschenschwanz taugt auch und ist haltbarer.

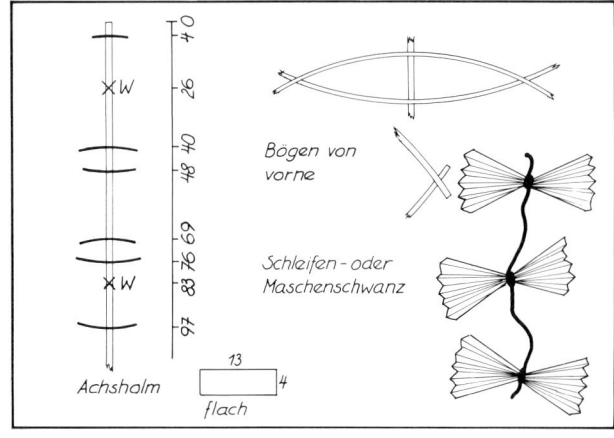

Für einen einwandfreien Flug müssen die Linsen eine Wölbung erhalten. Ich biege die Spitzen der ersten Linse etwa 13 cm, die der zweiten etwa 12 cm nach hinten. Auf diese Weise getrimmt und mit einem wirkungsvollen Schwanz versehen, steigt der Fruchtbarkeitsdrachen sehr steil auf und entwickelt einen beachtlichen Zug auf die Leine.

Reispapier finden Sie in guten Papierhandlungen oder „Dritte-Welt-Läden". Notfalls können Sie auch anderes reißfestes Papier oder Tyvek verwenden. Die langgrannigen Gerstenähren habe ich unreif geschnitten, noch grün zu Quasten verflochten und gründlich getrocknet, damit sie möglichst lange halten.

Wau Bulan

Sie brauchen:
Einen kräftigen Bambusstab, Mindestmaße ∅ 2,5 cm, Länge 185 cm, aus dem alle Gerüstteile durch Spalten gewonnen werden.
Bespannung Tyvek oder Papier. Alleskleber, dünne Schnüre.
Zweischenkelige Waage 115/120.

Die Gestalt wurde von mir gegenüber den malaiischen Vorbildern etwas mehr meinem Formempfinden angepaßt. Sowohl den oberen Teil, den ich als „Linse" bezeichne, als auch die untere Fläche, den „Mond", habe ich aus Kreisbögen aufgebaut, deren Konstruktion auf Seite 34 beschrieben wird.
Linse und Mond werden zuerst fertig geformt und bespannt, auf den Achsholm montiert und erst dann untereinander und mit den weiteren Gerüstteilen verbunden. Die beiden Spitzen der Linse werden durch eine Sehne nach hinten gespannt.
Am Ansatz der Spitze wird oftmals ein kräftiger Bambusbogen quer angebracht, an dessen Sehne der Wind summende Geräusche erzeugt (Summer).

Zum ersten Mal sah ich diesen ungewöhnlichen Drachen in einem Abenteuerfilm, in dem er als Signaldrachen diente. Die exotische Form des Monddrachens, wie er wegen der sichelförmigen unteren Fläche auch genannt wird, reizte mich sofort zu einem Nachbau. Der Wau Bulan stammt aus Malaysia, wo er oft in ähnlicher Größe wie mein Modell, zuweilen aber auch bis zu 3 m Achslänge gebaut wird. Neben den flugfähigen Drachen findet man auch noch überreich beklebte, mit Fransen, Quasten und sonstigem Flitter geschmückte Exemplare, die nur zu Dekorationszwecken hergestellt werden. Meine Gestaltung mit Farbe, Pailletten und metallisierter Mylarfolie nimmt sich dagegen bescheiden aus.

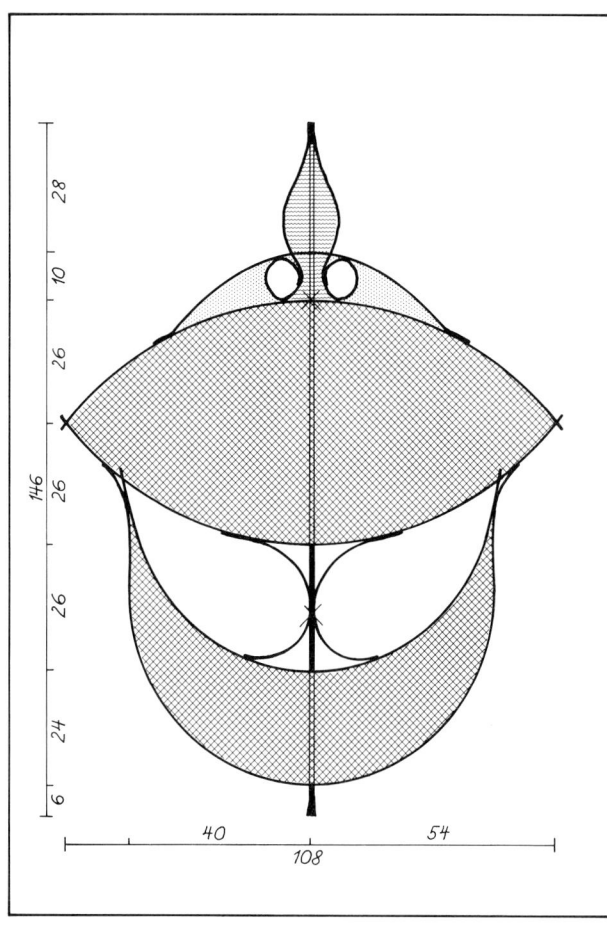

Zwei temperamentvolle Exoten: Der Fruchtbarkeitsdrachen (oben) stammt aus China. Der Wau Bulan oder Monddrachen ist Malaysias größtes Drachenmodell mit Tradition.

Die eingezeichneten Radien begrenzen den kreisförmigen Verlauf der Bögen.
Zeichnen Sie die entsprechenden Kreise direkt auf die Tyvekbespannung, und kleben Sie die nur leicht vorgebogenen Gerüstteile auf (beschweren!).
Alle stark gekrümmten Bambusleistchen müssen über einer Flamme gebogen werden.

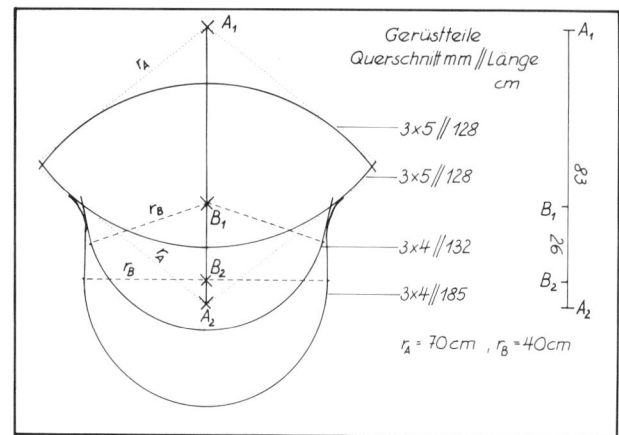

Gerüstteile
Querschnitt mm // Länge cm

3×5 // 128
3×5 // 128
3×4 // 132
3×4 // 185

r_A = 70 cm , r_B = 40 cm

Alle Gerüstverbindungen sind von vorne dargestellt. Die Verbindungen werden geklebt und anschließend mit Schnur (Nähnadel) gesichert.
Die kleineren Gerüstteile (aus Bambusleistchen ca. 2,5 × 3,5 mm) sind nicht nur Verzierungen, sondern wesentliche Verstärkungen für die großen Gerüstelemente.
Achsholm 5 × 10 mm, oben etwas dünner.

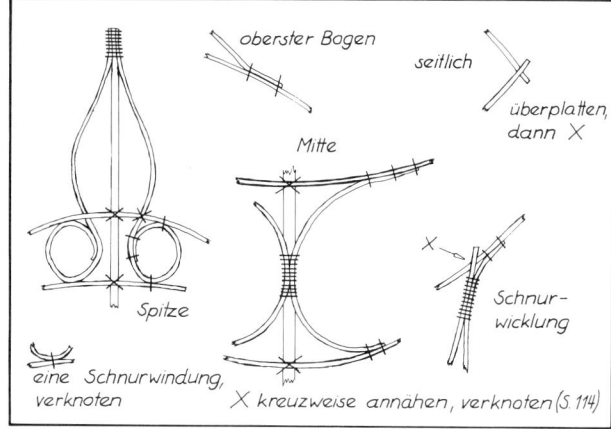

oberster Bogen
seitlich
überplatten, dann X
Mitte
Spitze
Schnur-wicklung
eine Schnurwindung, verknoten
X kreuzweise annähen, verknoten (S. 114)

Fliegen Sie Ihren Wau Bulan nie über einer Menschenansammlung. Wenn er plötzlich nach unten schießt, kommt Ihnen zugute, wenn Sie Erfahrung im Umgang mit Kampfdrachen haben. Durch gefühlvolles Spiel an der Leine läßt er sich mühelos steuern.

Sie werden erstaunt sein, wie steil Sie den Wau Bulan in den Wind stellen müssen, damit der „Mond" seine stabilisierende Wirkung entfalten kann. Die Sehne soll die Spitzen der Linse etwa 20 cm nach hinten spannen. Sie muß so angebracht sein, daß sie nicht von selbst aushaken kann. Durch gezielten Zug an der Leine und plötzliches Nachgeben kann auch der Wau Bulan, ähnlich wie die unten beschriebenen Kampfdrachen, manövriert werden und damit zu einem lebendigen Flugkörper werden, der die ganze Aufmerksamkeit des Drachenpiloten beansprucht. In gleichmäßigem Wind erreicht man einen ungemein steilen Leinenwinkel. In stark böigem Wind sollten sie Ihren Wau Bulan nicht aufs Spiel setzen.

Krähe aus Sri Lanka

Sie brauchen:
Schwarzes Seiden- und Kreppapier.
Einen Bambusstab, Ø ca. 1,5 cm, 90 cm lang, aus dem Sie alle Gerüstteile durch Spalten gewinnen können.
Alleskleber. Vierschenkelige Waage mit Dosenklemme als Einstellhilfe 21/21/45/45.

Im Inselstaat Sri Lanka sind viele Drachentypen verbreitet, die mit indischen und malaiischen Modellen verwandt sind. Außergewöhnlich sind Drachen mit beweglichen Teilen, von denen die Krähe mit ihrem faszinierenden Flug besonders auffällt. Sie besticht nicht durch gute Flugleistungen, sondern vielmehr durch die wippende Bewegung des Hinterteils, die sich auf den ganzen Körper überträgt und den Eindruck eines flügelschwingenden Vogels erzeugt. Keiner meiner ungezählten Drachen wurde schon mit soviel staunendem Kopfschütteln betrachtet wie diese Krähe. Durch Manipulationen an der Waage oder mit Hilfe eines kleinen Plastikschwanzes läßt sie sich an viele Windstärken anpassen.

Der Flug der Krähe zieht viele Blicke auf sich. Der Bogen muß sich nach hinten biegen können (Flächenwinkel), damit, zusammen mit der Schwanzwirkung des beweglichen Unterteils, der Apparat flugfähig wird. Bei unruhigem Wind erreiche ich mit einem farblosen Plastikfolienband zusätzliche Flugstabilität.

Das Bild der Krähe wechselt durch das wippende Schwanzteil ständig. Der flach stehende Vogel verändert dabei andauernd seine Fluglage und -höhe, bleibt aber, richtig getrimmt, stundenlang in der Luft.
Die nebenstehenden Flugbilder sind Fotografiken, die aus realen Serienaufnahmen entwickelt wurden.

Für den oberen Teil spannen Sie ein Seidenpapier auf eine ebene Unterlage. Zeichnen Sie die Umrisse direkt auf diese Bespannung, und kleben Sie die Teile A und C auf. Kreuzungen binden! Den Bogen B müssen Sie so bearbeiten, daß er sich gleichmäßig biegen läßt. Nur leicht über einer Flamme vorbiegen, dann in a festbinden, seitlich aufkleben, Spannschnüre ziehen. Bespannung mit 1 cm Zugabe ausschneiden, um Gerüst und Spannschnur kleben. Unterteil zusammensetzen und bespannen, Fransen an drei Kanten ankleben. Schnurscharnier anbringen. Seitliche Flügel und Fransen an den Stabenden aufkleben. Waage mit den angegebenen Werten einstellen. Feineinstellung im Gelände vornehmen.

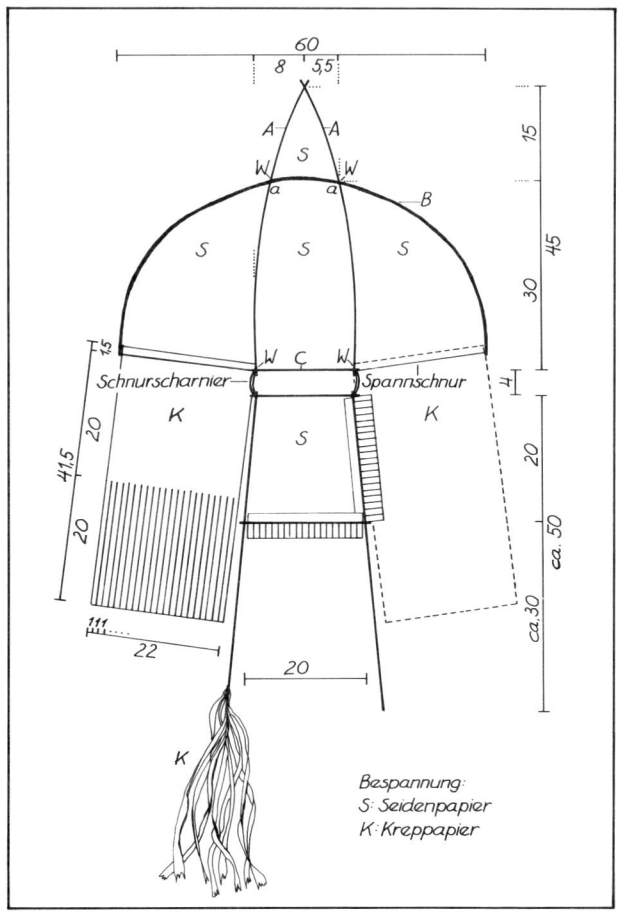

Bespannung:
S: Seidenpapier
K: Kreppapier

Für dieses Kapitel habe ich bewußt Drachen ausgewählt, die in ihrem Erscheinungsbild sehr unterschiedlich sind und Ihnen wenigstens einen kleinen Einblick in die Vielfalt der asiatischen Kunst des Drachenbauens geben sollen. In meinem Buch „Drachen bauen" finden Sie weitere Bauanleitungen für den chinesischen Orangendrachen, eine Eule aus Thailand, Schlangendrachen und einen mächtigen Hundertfüßler (Tatzelwurm) nach chinesischem Vorbild.
Eine lebendig geschriebene Darstellung der japanischen Drachenwelt, leider ohne illustrierte Bauanleitungen, bietet Paul Streeter in seinem berühmten Buch „The Art of the Japanese Kite".

Kampfdrachen halten ihre Piloten in Atem. Links der indische Kampfdrachen im Sturzflug, in der Mitte der aufwärtsstrebende Koreaner und rechts der querschießende Thai Chula.

Asiatische Kampfdrachen

In vielen asiatischen Ländern finden Drachenfeste statt,
bei denen oftmals Drachenkämpfe zwischen rivalisie-
renden Gruppen oder Einzelpersonen zu den Höhe-
punkten gehören. Ziel dieser Kämpfe ist es immer, den
gegnerischen Drachen zum Absturz zu bringen, indem
man seine Leine mit der eigenen Leine einfängt oder
durchschneidet. Während in Japan beim großen Shi-
rone-Drachenfest großflächige Rokkaku- und riesige
O-dako-Drachen, von denen jeder einzelne von mehre-
ren Kämpfern manövriert werden muß, ihren Streit meist
mit einem vernichtenden Bad im Nakanokuchi-Kanal
beenden, fliegt man in anderen Ländern Ost- und Süd-
ostasiens und auch in der Gegend um Nagasaki leicht-
gewichtige, wendige Drachen, die sich mit dem Niedergang des Gegners begnügen. Den Bau der letztgenann-
ten, zum Teil außerordentlich zarten und dennoch be-
ständigen Gebilde möchte ich Ihnen hier beschreiben.
Sie werden einige Geduld, aber noch mehr Fingerspitzengefühl aufbringen müssen, um diese scheinbar sim-
plen Konstruktionen nachvollziehen zu können. Lernen
Sie dann, Ihren wohlausgewogenen Kampfdrachen im
Wind zu dirigieren. Nicht der Kitzel eines erregenden
Zweikampfes, als vielmehr der unbeschreibliche Zau-
ber, der von Ihrem Drachen ausgeht, wenn Sie ihn durch
feines Spiel an der Leine wie eine Primadonna tanzen
lassen, sollte Ihr lohnendes Ziel sein, das Sie in dieser
Weise bei keinem anderen Modell finden können.

Ind. Kampfdrachen

Sie brauchen:
Bambusleistchen: Achsholm, 1,5 x 5 mm, 52,5 cm, flach, und Bogen, 2,5 x 4,5 mm, 78 cm lang, hochkant verarbeitet; Schwanzflossenversteifung ⌀ 1 mm. Seidenpapier, Spannschnur, Glasfaserklebefilm, Alleskleber. Zweischenklige Waage 35/39,5.

Die Kunst, diese fein ausgewogenen Drachen zu bauen, ist in Indien weit verbreitet. Hunderte von Kampfdrachen, die von Hausdächern aus geflogen werden, prägen an traditionellen Festtagen das Bild über manchen Städten. Wählen Sie für den Bau Ihres Drachens einwandfrei gesundes Bambusrohr. Damit der Querstab eine gleichmäßige Krümmung erhält, sollten die Knöpfe symmetrisch zur Mitte liegen und besonders sorgfältig bearbeitet werden. Entscheidend für die Manövrierbarkeit Ihres Kampfdrachens ist die auf den Wind abgestimmte Biegsamkeit dieses Bogens. Ein zu harter Bogen macht den Drachen zu schnell und instabil, ein zu weicher führt zu einem langweilig trägen, zu stabilen Flug.

Achsholm und Bogenleiste erhalten durch Schaben mit einer scharfen Klinge eine glatte Oberfläche mit abgerundeten Kanten. Der Bogen muß in Masse und Querschnitt gut ausgewogen sein und zu den Enden hin etwas dünner geschnitzt werden, bevor er über einer Flamme leicht vorgebogen und mit dem Achsholm in K verbunden wird.

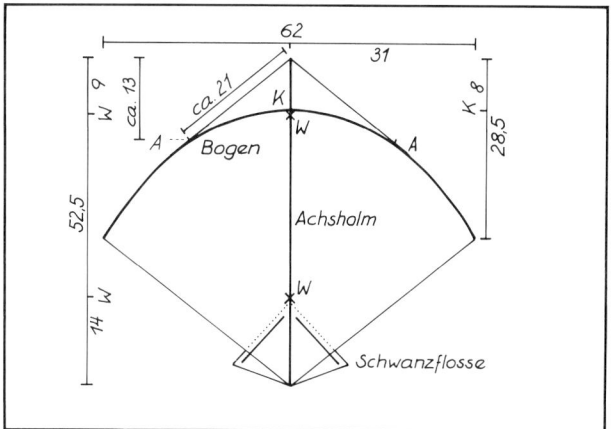

Spannschnur unten am Achsholm anbringen, Bespannung verschiedenfarbig zusammensetzen, flach ausspannen, Achsholm aufkleben. Bogenenden mit der Spannschnur verbinden. Bogen formen und fest mit Schnur und Bespannung bis A verkleben. Der Bogen muß so geformt sein, daß die Schnur in A als Tangente zur oberen Spitze läuft.

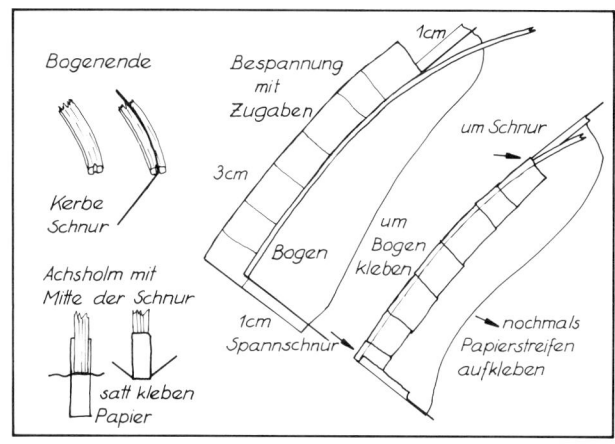

Kampfdrachen: Oben Nagasaki Hatas, in der Mitte Thai Pakpao, Thai Chula und indischer Kampfdrachen; unten zwei indische und ein koreanischer Kampfdrachen.

Die für den indischen Kampfdrachen typische Schwanzflosse anbringen, Waage befestigen und Zugpunkt fixieren. Die beiden Drachenhälften müssen tadellos im Gleichgewicht sein! Die Leine führen Sie durch das Auge der Waagenschnur und dann weiter wie zu einem Achtknoten, ziehen aber nicht das freie Ende, sondern eine Bucht durch, so daß eine unter Zug gut haltbare Schleife entsteht. Diese Schleife läßt sich leicht lösen, wenn Sie zur Feineinstellung der Waage die Leine immer wieder entfernen müssen. Ein Zugring anstelle des Knotens in der Waagenschnur hat sich hier nicht bewährt.

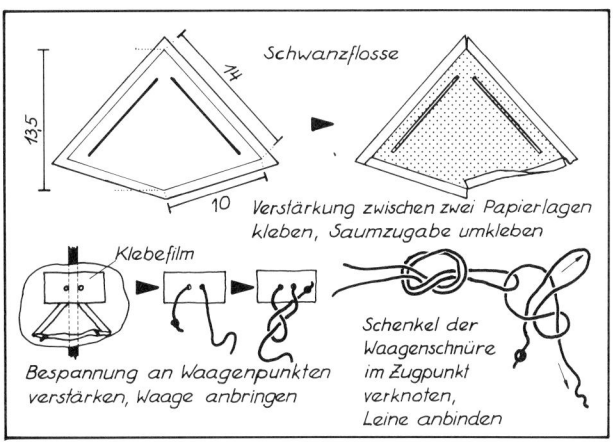

Verstärkung zwischen zwei Papierlagen kleben, Saumzugabe umkleben

Bespannung an Waagenpunkten verstärken, Waage anbringen

Schenkel der Waagenschnüre im Zugpunkt verknoten, Leine anbinden

Kampfdrachen sind flache oder nur wenig gewölbte Drachen, die in ihrem Grundzustand instabil sind und sofort nach dem Start an der Leine zu drehen beginnen. Zieht man an der Schnur, werden die seitlichen Spitzen durch den Wind – bei Windstille durch die Bewegung gegen die Luft – nach hinten gedrückt. Es entsteht eine flächenwinkelige Anordnung der beiden Drachenhälften, die, verbunden mit den Druckdifferenzen zwischen Vorder- und Rückseite und dem Anstellwinkel, den Drachen eine Bewegung in die Richtung ausführen läßt, in die seine Spitze zeigt. Erlischt der Zug auf die Leine, wird der Kampfdrachen sofort wieder zum labilen Flieger, der erneut zu rotieren beginnt.

1. Drachen flach, instabil, Rotation.
2. Starker Zug auf die Leine (der Drachen „legt die Ohren an"), Drachen mit Flächenwinkel bewegt sich in die Richtung, in die seine Spitze gerade wies.
3. Sturzflug unter Zug.
4. Leine nachgeben, Drachen wird flach, dreht.
5. Wieder ziehen, Flächenwinkel, Drachen schießt schräg nach oben.

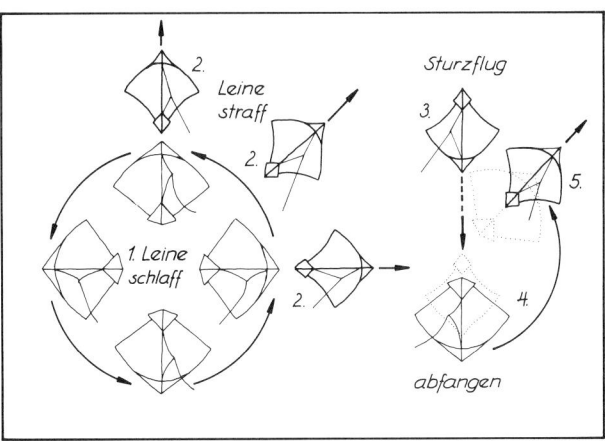

Flugbahnen eines Kampfdrachens bei sehr schwachem Wind, nach Videoaufnahmen gezeichnet.

a) Start. Der Drachen beginnt sofort zu drehen. Durch kräftigen Zug an der Leine, wenn die Spitze nach oben weist, kann man, bei dosierter Leinengabe, schnell Höhe gewinnen.

b) Bei schwachem Wind und voller Leinenlänge hält man den Zug, indem man Schnur Hand über Hand etwas einholt. Bei kräftigerem Wind gelingt ein solcher Aufstieg mit einem gut ausgewogenen Drachen unter langsamer Leinenzugabe.

c) Ein Tanz über 22 sec.

d) Sehr heftige Bewegungen. Beachten Sie das zweimalige Niederstechen, das mit großer Geschwindigkeit und mächtigem Geräusch ablief.

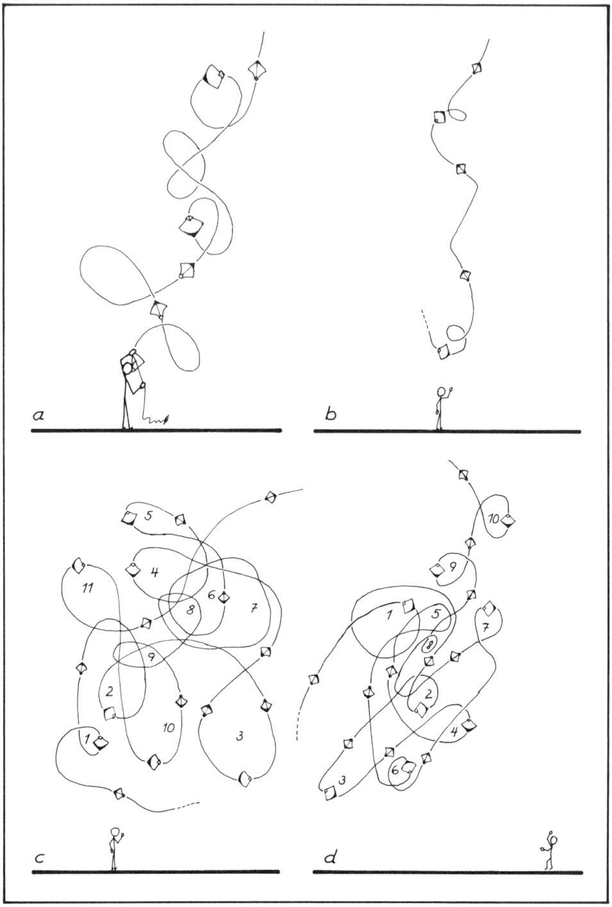

Wenn Ihr Kampfdrachen nur in einer Richtung rotiert, überprüfen Sie, ob die beiden Drachenhälften im Gleichgewicht sind. Stimmt die Massenverteilung, dann verschieben Sie zunächst nur die obere, notfalls auch die untere Befestigung der Waage nach der vernachlässigten Seite. Fixieren Sie die neue Stellung mit Klebefilm.

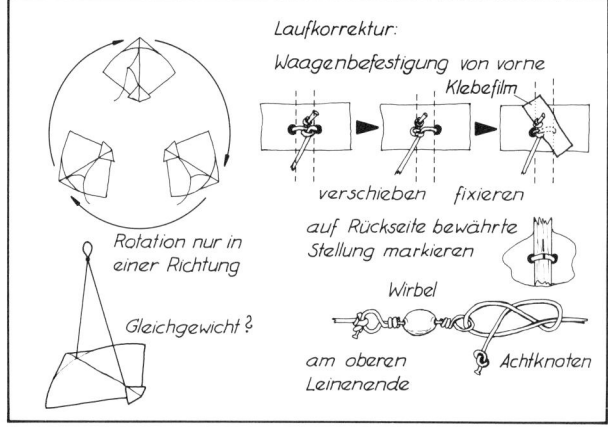

Mit der Biegsamkeit des Bogens haben Sie schon den Windstärkenbereich vorgegeben, für den Ihr Kampfdrachen geeignet ist. Die Feinabstimmung nehmen Sie an der Waage vor.

Als Leine verwendet man in Indien Baumwollschnüre. Der obere Teil der Schnur wird, um gegnerische Leinen zu kappen, mit einem Gemisch aus zerstoßenem Glas und Kleister bestrichen. Darauf sollten Sie besser verzichten. Ich verwende eine dünne gedrehte Polyesterschnur geringer Dehnbarkeit, wie sie für Lenkdrachen angeboten wird. Ein Wirbel, knapp unter dem oberen Ende der ca. 80 m langen Leine, verhindert, daß jede Drehung des Drachens auf die Schnur übertragen wird.

Nagasaki Hata

Sie brauchen:
Achsholm: Bambusleiste, 2,5 x 5 mm, 65,8 cm lang. Bogen: Glasfiberstab, ∅ 2 oder 3 mm, oder Bambusleiste, 78,2 cm lang. Bespannung Tyvek oder Papier. Seidenpapier für Quasten, Spannschnur, Alleskleber. Zweischenkelige Waage 77/87.

Beim Bau des Nagasaki Hata richten Sie sich nach der Bauanleitung für den indischen Kampfdrachen. Da man die Enden des dünnen Glasfiberstabes nicht einkerben kann, empfehle ich, die Spannschnur dort mit einem sehr guten Klebstoff (Heiß- oder Zweikomponentenkleber oder Reparaturharz) gründlich anzukleben.

Der japanische Nagasaki Hata liegt in der Gunst der Drachenliebhaber etwa gleichauf mit dem indischen Kampfdrachen. Im Gegensatz zu den üblichen japanischen Viereckdrachen fliegt er auf der Spitze. Traditionell ist die Bemalung des Hatas ausschließlich in Weiß, Rot und Dunkelblau, den Farben der holländischen Flagge, gehalten. Als Japan von 1639 bis 1854 für alle Ausländer geschlossen war, blieb nur die Insel Deshima einzige Niederlassung und Anlegestelle im Hafen von Nagasaki, die ausschließlich von niederländischen und chinesischen Schiffen angelaufen werden durfte. Aus diesen Fakten haben Historiker geschlossen, daß es wohl holländische Handelsschiffer gewesen sein müssen, die im siebzehnten Jahrhundert Kampfdrachen, denen sie ihre Nationalfarben gegeben hatten, aus Indien mitbrachten und somit in Nagasaki eine Drachensonderform begründeten, die auf den japanischen Inseln einmalig ist. Im Gegensatz zum indischen Vorbild hat der Hata keine Schwanzflosse, aber Quasten an den seitlichen Spitzen. In seiner Heimat wird der Nagasaki Hata mit einem Gerüst aus Bambussplittstäben und Papierbespannung gebaut. Für den gleichmäßig gebogenen Querstab kann man aber sehr gut auch einen Glasfiberstab nehmen, wodurch der gesamte Arbeitsaufwand erheblich verringert wird. Zusammen mit der von mir gewählten Tyvekbespannung entsteht ein außerordentlich haltbarer Kampfdrachen mit überragenden Flugeigenschaften.

Die Bespannung, bevorzugt Tyvek, wird mit 1 cm Zugabe zugeschnitten. Die Zugabe wird fest um die Spannschnur bzw. den Bogen geklebt. An den seitlichen Ecken bringen Sie eine kleine Tyvekverstärkung auf, bevor Sie die Quasten mit Nadel und Faden befestigen.

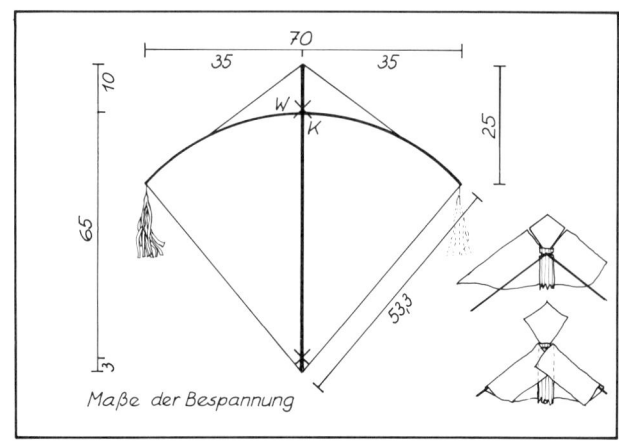

Maße der Bespannung

Während der Hata mit 2-mm-Glasfiber-Bogenstab beim geringsten Luftzug fliegen kann, verhält er sich ab Windstärke 3 Bft aufgrund des angenommenen Flächenwinkels zu bieder. Bei diesen Bedingungen kann ein entsprechender Drachen mit 3-mm-Bogenstab zu einem richtigen Flitzer getrimmt werden.

Es gibt noch viele Abwandlungen des indischen Kampfdrachens. Der etwas schlankere Thai Pakpao, dem ich ein modernes Kleid aus metallisierter Polyesterfolie verpaßt habe, ist neben der Thai-Schlange wohl der bekannteste Drachen aus Thailand. In den Flugeigenschaften steht er seinen berühmteren Brüdern nicht nach. Er ist vielleicht noch etwas wendiger als diese.

Thai Pakpao

Dieser flinke kleine Kampfdrachen wird wie die beiden vorausgegangenen gebaut. Verarbeiten Sie die Spannschnur entlang dem Bogenstab sehr sorgfältig, damit sie nicht abspringen kann und der Drachen dann seine Spannung verliert. Der Bogen beschreibt hier einen Halbkreis mit dem Radius 23,3 cm.

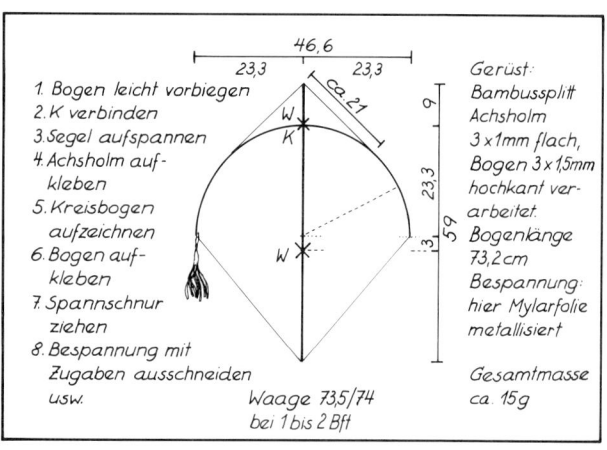

1. Bogen leicht vorbiegen
2. K verbinden
3. Segel aufspannen
4. Achsholm aufkleben
5. Kreisbogen aufzeichnen
6. Bogen aufkleben
7. Spannschnur ziehen
8. Bespannung mit Zugaben ausschneiden usw.

Gerüst:
Bambussplitt
Achsholm
3 x 1mm flach,
Bogen 3 x 1,5mm
hochkant verarbeitet.
Bogenlänge
73,2cm
Bespannung:
hier Mylarfolie
metallisiert

Gesamtmasse
ca. 15g

Waage 73,5/74
bei 1 bis 2 Bft

Thai Chula

Sie brauchen:
1 Bambusstab, 103 cm lang, ⌀ 2,5 cm, für die Leisten: 1 Ah, 3 x 5 mm, 97 cm; 2 Qb, 3,5 x 2,5 mm, 103 cm; 2 Fl, 2 x 2,5 mm, 68,5 cm; 1 Qs, 2 x 3,5 mm, 52 cm. Bespannung Tyvek oder Papier. Alleskleber, Nadel und Faden, Spannschnur. Zweischenkelige Waage 56/62.

Außer dem Thai Pakpao gibt es in Thailand eine weitere, ganz eigenständige Form eines Kampfdrachens, den Thai Chula, dessen Ähnlichkeit mit einer Vogelgestalt unverkennbar ist. Nur Bambusleisten sind in der Weise formbar und besitzen die Zähigkeit, die beim Chula verlangt wird. Beim Flug treten hohe Flächenbelastungen auf, so daß die Stäbe auf keinen Fall zu dünn sein dürfen. Andererseits können stabile Flugbahnen nur erreicht werden, wenn sich die seitlichen und unteren Spitzen genügend unter dem Winddruck nach hinten biegen können. Es ist ein faszinierendes Schauspiel, wenn der Chula durch wechselnden Zug auf der Leine seine Form zwischen stabilen und labilen Fluglagen ändert.

Tyvekbespannung für Linse aufspannen, Linse aufzeichnen (Radien), leicht vorgebogene Bögen aufkleben, Kreuzungen außen binden, Bespannung mit 1 cm Zugabe ausschneiden, umkleben, Linse auf Achsholm befestigen. Bespannung für Schwanzflossen ankleben, Form der Flossen konstruieren, Gerüststäbchen vorbiegen, unter Spannung aufkleben, Spannschnüre zum Achsholm ziehen, Bespannung mit 1 cm Zugabe um Stäbchen und Schnur kleben, gut beschwert trocknen lassen. Spitze entsprechend bespannen. Querstab annähen. Waagenpunkte verstärken und Waage anbringen. Ersten Start möglichst bei gleichmäßigem schwachem Wind unternehmen und Waage fein einstellen.

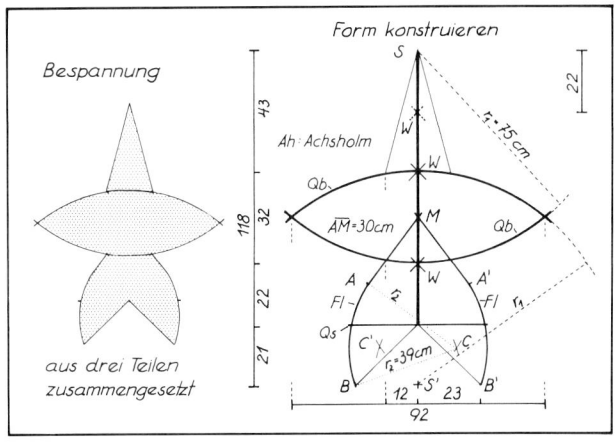

In der Literatur wird der obere Waagenpunkt unterschiedlich angegeben. Eingehende Experimente haben mich davon überzeugt, daß die beiden Waagenpunkte am besten an den Kreuzungen Bögen/Achsholm liegen. Der Chula läßt sich aus der Hand starten. Bei Ihrem ersten Versuch sollten Sie mit einem Helfer einen Hochstart durchführen. Vorsicht, die Spitze kann Ihrem Starthelfer gefährlich werden! Halten Sie die Leine zunächst unter mäßigem Zug, damit der Drachen in einem langen Bogen aufsteigt, bevor Sie Lenkbefehle wie bei den anderen Kampfdrachen geben. Die Flugbewegungen sind beim Chula eher ausladend, nicht so eng. Im Geradeausflug erreicht er beachtliche Geschwindigkeiten.

Koreanischer Kampfdrachen

Sie brauchen:
Einen Bambusstab,
ca. 1 m lang, $\emptyset$ 2,5 cm,
für die Gerüstleisten:
Qo, 2 x 6 mm, Qm 2 x 2 mm,
alle anderen Stäbe ca.
2 x 6 mm, flach verarbei-
tet. Bespannung Tyvek
oder Papier. Spann-
schnur, Bogensehne,
Alleskleber. Vierschenke-
lige Waage 75/75/62/74.

Die Bespannung
schneiden Sie mit 2 cm
Saumzugabe zu. Den
Lochrand schützen Sie
mit einer eingearbeiteten
Schnur. Bemalen Sie die
Bespannung, bevor Sie
von hinten die Gerüst-
stäbe aufkleben. Ziehen
Sie die Spannschnur
exakt am äußeren Rand.
Saumzugabe umkleben,
Waage und loslösbare
Bogensehne anbringen.

Die vierschenkelige
Waage ist bestimmt
gegenüber der oftmals
dargestellten dreischen-
keligen vorzuziehen.
Der obere gebogene
Querstab behebt nur so
weit die Labilität, daß
ein flugtüchtiger, außer-
ordentlich schneller
Kampfdrachen entsteht.

Nach meinen positiven Erfahrungen mit dem indischen Kampfdrachen und den davon abgeleiteten Typen war ich gegenüber dieser rechteckigen Konstruktion sehr skeptisch. Ich wurde durch einen ausgezeichnet manö-vrierbaren Kampfdrachen überrascht. Voraussetzung für den Bau sind einwandfrei ausbalancierte Bambusleist-chen, die sich gleichmäßig biegen lassen müssen. Der obere Querstab wird mit einer Sehne zum Bogen ge-spannt, der untere Teil des Drachens bleibt flach. Beim Zug auf die Leine biegen sich die unteren Ecken nach hinten, der Drachen wird in Achsrichtung stabilisiert. Bei einseitiger Rotation gelingt der Ausgleich durch genaues Einstellen an den oberen Waagenschenkeln.

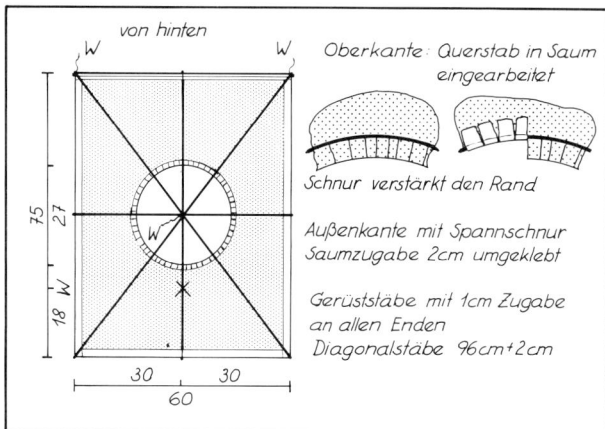

von hinten
Oberkante: Querstab in Saum eingearbeitet
Schnur verstärkt den Rand
Außenkante mit Spannschnur
Saumzugabe 2cm umgeklebt
Gerüststäbe mit 1cm Zugabe an allen Enden
Diagonalstäbe 96cm+2cm

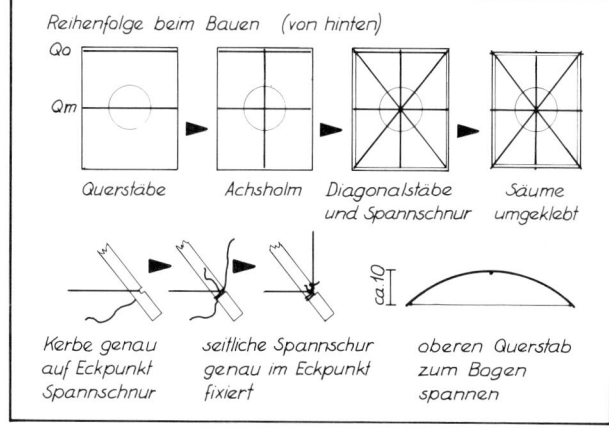

Reihenfolge beim Bauen (von hinten)
Qo
Qm
Querstäbe — Achsholm — Diagonalstäbe und Spannschnur — Säume umgeklebt

Kerbe genau auf Eckpunkt Spannschnur
seitliche Spannschnur genau im Eckpunkt fixiert
oberen Querstab zum Bogen spannen

Klassische Drachen der westlichen Welt

Ende des 19. und Anfang des 20. Jahrhunderts wurde in der westlichen Welt eine große Zahl von Drachenformen entwickelt, die sich zum Teil an asiatische Vorbilder anlehnten, im übrigen aber auch ganz eigene neue Konstruktionen waren. Ein wesentliches Ziel vieler dieser Modelle war es, die Menschen dem Traum vom Fliegen etwas näherzubringen.

1890 schuf William A. Eddy in den USA nach malaiischen Mustern den nach ihm benannten Drachen mit gebogener Querstrebe. 1893 folgte Lawrence Hargrave in Australien mit den Kastendrachen und leitete damit die Entwicklung einer großen Zahl von Hochleistungsdrachen ein. Während Bell seine riesigen Apparate als reine Zellendrachen baute, sind die berühmten Drachen von Silas J. Conyne und Samuel F. Cody geflügelte Kastendrachen. Daneben entstanden auch große Flachdrachen, wie Baden-Powells Levitor-Drachen, aber auch ganz neuartige gewölbte Modelle, wie Brogdens sechsflügeliger Weltrekorddrachen oder in Deutschland der Roloplan der Firma Margarete Steiff.

Ich konnte aus der Schar möglicher Drachen nur wenige auswählen, die in ihrem Prinzip auf diese Zeit zurückgehen. Einige von ihnen haben inzwischen Wandlungen durchgemacht. Ich habe sie im verkleinerten Maßstab, angepaßt an unsere Materialien, nachgebaut. Bei allen Konstruktionen legte ich besonderen Wert auf einfachen Auf- und Abbau und ein vernünftiges Packmaß.

Roloplan

Der Roloplan kann als vierflügeliger, flächenwinkeliger Drachen klassifiziert werden. In der ersten Produktionsphase wurde er auch als Sechsflügler gebaut. Die Gerüststäbe sind am Achsholm unter einem Winkel von 140° bis 150° eingesteckt.

Sie brauchen:
1 Raminleiste, 10 x 10 mm, ca. 132 cm lang, 4 Raminrundstäbe, ⌀ 8 mm, je 63 cm lang, 2 Gerüstverbindungen, wie auf Seite 116 beschrieben. Spinnakernylon, siehe Zuschnitt. 4 m Saumband, 15 mm breit; 12 m geflochtene Perlonschnur, ⌀ 1,5 mm, für Spannschnüre und siebenschenkelige Waage. Dosenklemme als Einstellhilfe, 14 Ösen, Alleskleber.

Seine Popularität in Deutschland verdankt der Roloplan der Spielwarenfabrik Margarete Steiff, die diesen Drachen 1909 in die Produktion nahm und, mit Unterbrechung durch den Zweiten Weltkrieg, bis 1968 herstellte. Richard Steiff, ein Neffe der Firmengründerin, hatte ihn in ausführlichen Versuchen, die von seiner greisen gelähmten Tante mit großem Interesse verfolgt wurden, zur Serienreife entwickelt. Wesentlich bekannter wurde eine andere Schöpfung Richard Steiffs, der Teddybär, der seit 1903 Kinder in aller Welt beglückt.

Dieser leistungsfähige Drachen, der zunächst mit zwei und drei Segeln in den Spannweiten 120 cm bis 360 cm gebaut wurde, erlangte in seinen Anfangsjahren eine ganze Reihe internationaler Preise, z. B. 1909 in Frankfurt a. M., 1910 in Scheveningen (Holland) für die größte erreichte Höhe (800 m), im gleichen Jahr in Namur (Belgien) die fünf ersten Preise für die Höhe, den 2. Preis für Tragkraft und Stabilität, für Signalisation und Luftfotografie jeweils einen ersten Preis. Steiff fertigte ein besonderes Fotostativ für die Luftfotografie mittels Roloplan. Die zweiflächigen Typen entwickelten eine Tragfähigkeit bis 30 kg, die dreiflächigen bis 50 kg. Derartig großflächige Drachen boten sich natürlich auch als Werbeträger an. Gegen Aufpreis wurde der Roloplan mit Reklameaufdrucken geliefert. Während des Ersten Weltkrieges baute Steiff eine stabile Militärversion, die für Schießübungen als bewegtes Ziel eingesetzt wurde. Von 1940 bis 1949 ruhte die Drachenproduktion der Firma Steiff. Danach wurden wieder kleine zweiflächige Roloplans mit 90 cm, 100 cm und 120 cm Spannweite hergestellt, bis die Produktion 1968 endgültig aufgegeben wurde, als billige Kunststoffdrachen den Markt überfluteten und sich stupide Eintönigkeit am Drachenhimmel ausbreitete.

Mein Roloplan lehnt sich an das Steiffsche Grundmuster an, hat Segel aus reißfestem Spinnakernylon und sehr haltbare Gerüstverbindungen zum Stecken. Erschrecken Sie nicht vor der siebenschenkeligen Waage und den Schnurverbindungen zwischen den Segeln. Einfache Knoten und eine Einstellhilfe aus einer Dosenklemme gewährleisten eine schnelle Trimmung.

Zwei steil aufsteigende, leistungsfähige Drachen. Oben der Roloplan nach Steiffschem Vorbild, unten ein abgeleiteter Pearson-Roller.

Schneiden Sie die beiden Segel aus Spinnakernylon mit dem Lötkolben zu. Die Zugaben für die Querstabtaschen sind jeweils gleich breit. Zuerst nähen Sie das Nahtband auf die gut verscmolzenen seitlichen und unteren Kanten auf (siehe auch S. 52). Nähen Sie dann die Stabtaschen ab und bringen Sie alle Ösen an. Die kleinen Durchbrüche für die Schnüre schmelzen Sie in die Stabtaschen ein. Ihre Ränder müssen nicht weiter versäubert werden.

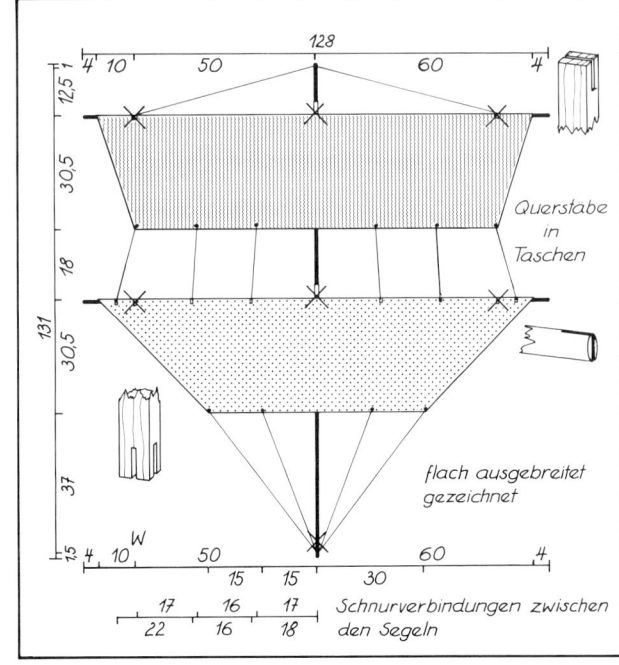

Bauen Sie die Gerüstverbindungen (Seite 116), und passen Sie die fertig eingekerbten Gerüststäbe ein. Alle Verbindungs- und Waagenschnüre werden auf den Querstäben mit Webeleinensteks befestigt und mit Alleskleber fixiert. Führen Sie die Querstäbe in die Taschen ein, und ziehen Sie die Schnüre durch die Löcher. Auf den Achsholm binden Sie die Waagenschnüre jeweils mit einigen Windungen einer kurzen Schnur fest. Der weitere Aufbau ergibt sich aus den Zeichnungen.

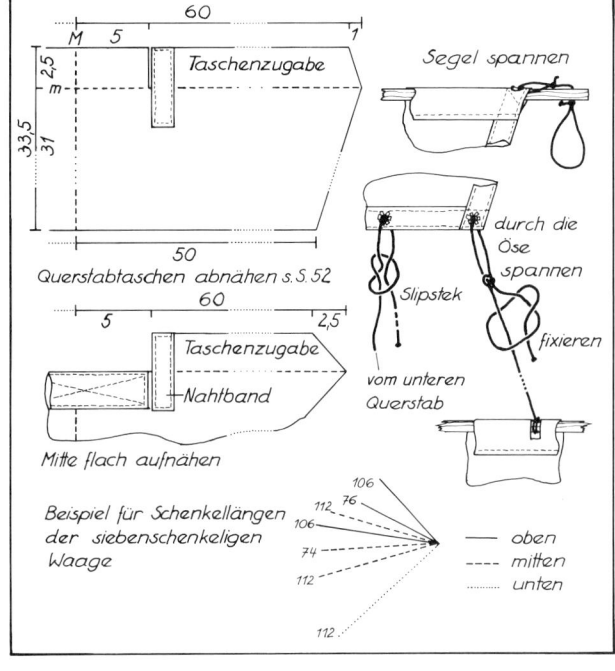

50

Spannen Sie die unteren Querstabenden mit einer Sehne zusätzlich nach hinten, dann wird Ihr Roloplan zuverlässig stabil fliegen.

Pearson Roller

Bei meiner Konstruktion laufen der Achsholm und die unteren Querstäbe in Taschen, die direkt aus den Segeln herausgearbeitet wurden. Über die beiden „Dome" werden die Querstäbe und in geringem Maße auch der Achsholm mit Schnüren nach hinten gespannt, wodurch die flächenwinkelige Form entsteht.

Sie brauchen:
Raminrundstäbe,
Ø 10 mm: 1 Achsholm,
182 cm, 4 Querstäbe,
(2 x) 67,5 cm und (2 x)
65,5 cm lang. Versteifungen für die Kiele aus
6-mm-Raminrundstäben,
28,5 cm und 30 cm lang.
Hartholzblöcke für die
Steckverbindungen.
Spinnakernylon je nach
Farbstellung, ca. 3 lfm.
9 Ösen, ca. 7 m Saumband, 15 mm breit,
geflochtene Perlonschnur,
Ø 1,5 mm, für Spannschnüre und Waage.
4 Al-Ringe, Ø 2 cm.

Der Roloplan nach Steiffschem Muster ist ein ungemein lebendiger Drachen, der wild aufsteigt und sehr schnell einen steilen Leinenwinkel anstrebt, aber empfindlich auf plötzliche Windänderungen reagiert. Solange ich mein Modell im Auge behielt, konnte ich kleine Kapriolen leicht ausgleichen. In gleichmäßigem Wind können Sie die Leine des Roloplans ruhig anbinden.

Der Roloplan diente als Vorbild für eine beträchtliche Zahl verwandter Drachen. Der hier vorgestellte, leistungsfähige und flugstabile abgeleitete Roller hat ein großes Hauptsegel und ein kleineres, zum Dreieck ergänztes unteres Segel. Ein versteifter Kiel am Heck (Pearson-Flosse), ein kleinerer Kiel unter der Stabkreuzung im Hauptsegel, eine auf den Achsholm konzentrierte Waagenbefestigung und die rückseitig angebrachten Dome sind die hervorstechendsten Merkmale dieser Konstruktion. Ähnliche Drachen hat Alick Pearson (England, 1895–1984) in verschiedenen Formen und Größen gebaut, so daß im englischen Sprachraum die Bezeichnung Pearson-Roller üblich ist.

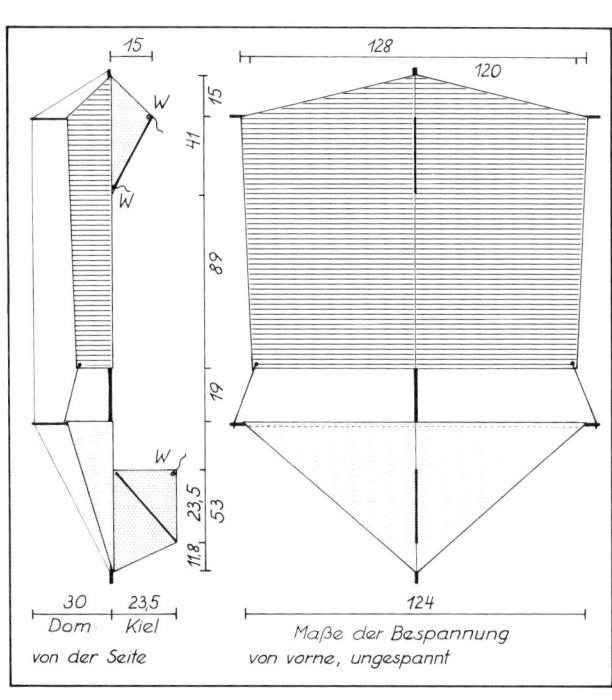

Maße der Bespannung
von vorne, ungespannt

Dom · Kiel
von der Seite

Schneiden Sie die Bespannung mit einem Lötkolben ohne Saumzugabe zu. Auf die gut verschmolzenen Ränder setzen Sie hinten das Saumband auf. Achten Sie besonders auf gute Verarbeitung in der Mitte und an den Ecken (Zeichnung unten). Die Kiele formt man aus zwei Lagen Spinnakernylon. Sie werden erst nach dem Einnähen geschlossen.

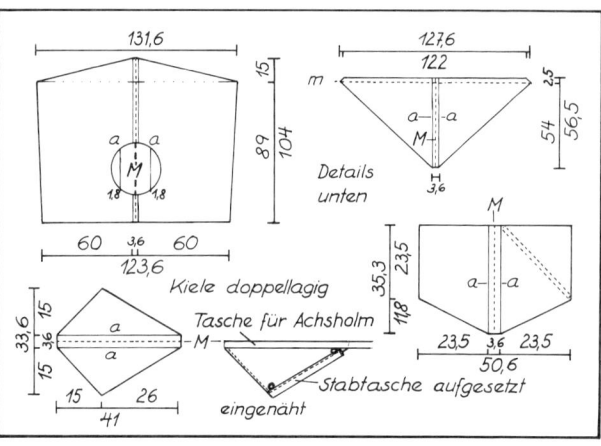

Schlagen Sie am Hauptsegel die Ösen ein, und bringen Sie an beiden Segeln die Spannschnüre in der Mitte an.
Heften Sie die Kiele auf, und nähen Sie die Taschen für den Achsholm ab. Gleichzeitig haben Sie die beiden Kiele befestigt (Zeichnungen unten).

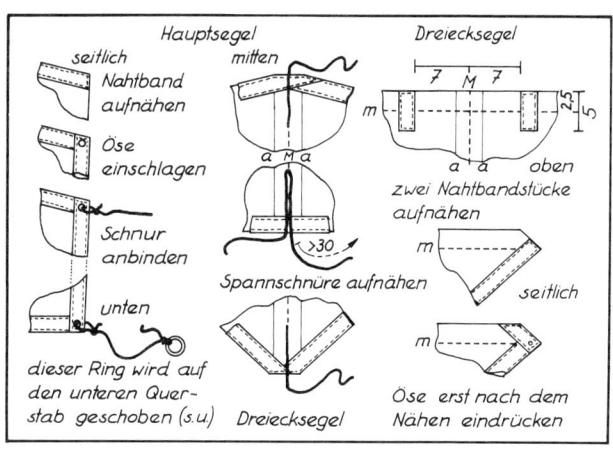

Schaffen Sie die Lücken für die Steckverbindungen in den Achsholmtaschen. Nachdem die Ränder zur Mitte hin verstärkt sind, können Sie die Stabtaschen für die unteren Querstäbe nähen. Drücken Sie die restlichen Ösen ein, und befestigen Sie in ihnen die Spannschnüre.

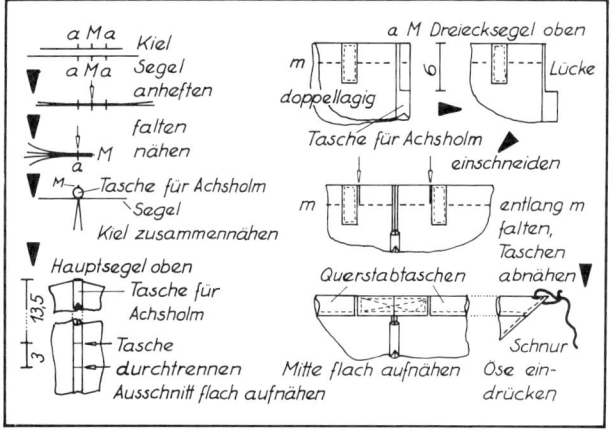

Am einfachsten sind die Kreuzverbindungen aus Hartholzblöcken, in denen die Bohrungen rechtwinkelig angebracht sind (s. auch S. 116). Die Wölbung des Drachens wird erst durch das Spannen über die Dome erreicht. Der Achsholm muß gleichzeitig in die Taschen in der Segelmitte und durch die Löcher in den Kreuzverbindungen gesteckt und dort fixiert werden. Nur Querstäbe und Dome bleiben demontierbar. Die Schnüre über die Dome sollen die Querstabenden ca. 14 cm und die Enden des Achsholms oben um 10 cm und unten um 14 cm nach hinten biegen. Die Abspannung der unteren Ecken des Hauptsegels wird durch die Schnur zum Dom D und durch den unteren Segelspanner am Verrutschen gehindert. Die ungewöhnliche obere Waagebefestigung gewährleistet eine günstige Kräfteverteilung.

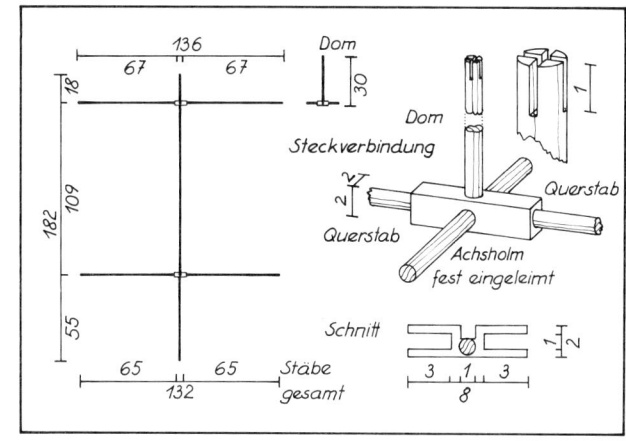

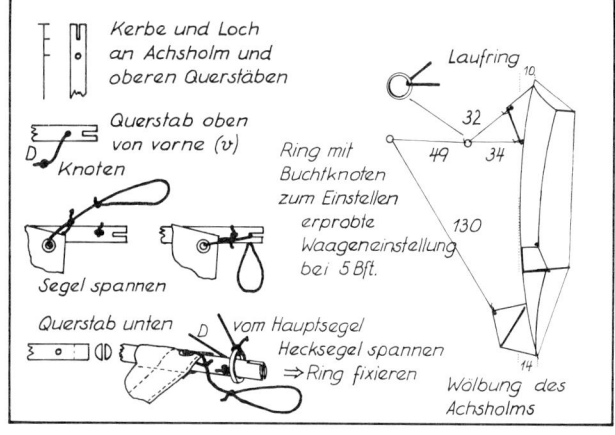

Den großen Roller starten Sie am besten aus der Hand. Beim Hochstart sollten Sie nicht zuviel Leine vorgeben oder in den unteren Waagenschenkel eine Zugfeder mit Begrenzer einbauen, der dem Heck etwas nachzugeben erlaubt, wenn bei kräftigem Wind der Druck zu groß wird. Wird die große Fläche senkrecht in den Wind gestellt, wirken auf das relativ dünne, aber auch leichte Gerüst starke Kräfte. Gerade dieses günstige Verhältnis zwischen Fläche und Masse ermöglicht, den Roller schon ab Windstärke 2 Bft fliegen zu lassen. Als Alternative zu dem sehr aufwendig verarbeiteten Spinnakernylon schlage ich Ihnen Tyvek, das sich gut bemalen läßt, oder Baumwollgewebe vor.

Sauls-Barrage-Drachen

Der Barrage-Drachen ist auch in dieser 2-m-Version, die sich gegenüber dem Originalmodell bescheiden ausnimmt, ein ganz großer Drachen, der schon bei schwachem Wind zuverlässig aufsteigt und sich sehr steil über dem Piloten selbst einstellt.

Der Sauls-Barrage-Drachen kann seine Vorfahren nicht verleugnen. Er hat die strengen Elemente eines Hargrave-Kastendrachens, die Harry C. Sauls um ein Mittelsegel ergänzte. Von Wetterbeobachtungsdrachen ausgehend, entwickelte Sauls diesen Drachen zunächst für Werbezwecke, modifizierte ihn dann aber für die US-Navy, die während des Zweiten Weltkriegs Schiffskonvois dadurch gegen Flugzeugangriffe schützte, indem sie riesige Sperr-(Barrage-)drachen dieser Art an Drahtseilen hinter den Schiffen herzog. Das Original hatte ein stabiles Gerüst aus Aluminiumrohr und eine Spannweite von 6 m. Mein Barrage-Drachen wurde bewußt leicht angelegt. Trotz der sehr dünnen Gerüstleisten ist die Konstruktion dennoch ausreichend belastbar, da sie sehr gut verstrebt ist. Mit dem Tyvek kommen Sie ganz ohne Näharbeit aus. Allerdings müssen Sie die Bespannung an den richtigen Stellen gründlich verstärken. Die einfachen Steckverbindungen erlauben einen verhältnismäßig schnellen Aufbau im Gelände, wenn Sie zusammengehörige Teile eindeutig markieren.

Sie brauchen:
Fichtenholzleisten
5 x 5 mm: (8 x) 154 cm, (4 x) 44 cm, (24 x) 70 cm (unter 45° abgeschnitten, siehe Zeichnungen), (6 x) 46 cm, (2 x) ca. 110 cm.
Ca. 1,2 m PVC-Schlauch, ∅ innen ca. 6 mm. Reste Al-Blech, 1 mm stark.
Dünne, wenig dehnbare Schnur für die Säume.
Ein Stück eines alten Fahrradschlauchs.
Ca. 15 m geflochtene Perlonschnur, ∅ 1,5 mm, für Spannschnüre und Waage. Alleskleber (Heißkleber), Holzleim.

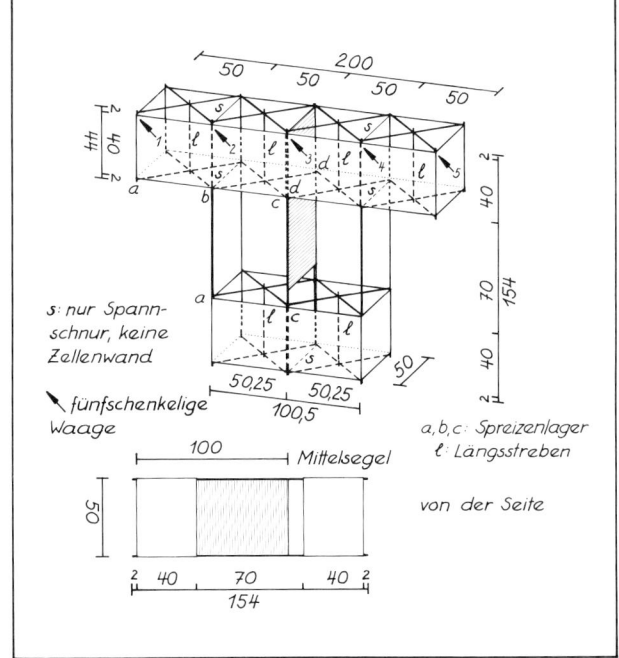

Das 142 cm breite Tyvek läßt sich auf die dargestellte Weise am rationellsten zuschneiden. Für die Länge des Mittelsegels müssen Sie so viel ansetzen, daß Sie oben und unten einen 1 cm breiten Saumeinschlag machen können. Alle Säume werden nur umgeklebt und dabei wird gleichzeitig die dünne Schnur genau im Knick eingearbeitet. Kleben Sie zuerst das Mittelsegel mit der Vorder- und Hinterkante jeweils zwischen die beiden mittleren Längsstäbe, damit alle Klebungen gut durchtrocknen, während Sie die übrigen Gerüstteile anfertigen. An den Steckverbindungen (Spreizenlagern) kann man eigentlich nichts falsch machen. Nur unterhalb der oberen Zelle bei d müssen Sie winzige Schlitze in das Mittelsegel schneiden, um mit den Al-Streifen durchstoßen zu können. Alle Gerüstverbindungen sollten Sie mit Klebstoff (besonders günstig ist Heißkleber) fixieren. Die Bespannung wird mit Alleskleber in der Weise aufgeklebt, daß die Stoßnähte in der Drachenmitte liegen. Überkleben Sie diese Stoßnähte mit einem 5 cm breiten Tyvekstreifen.

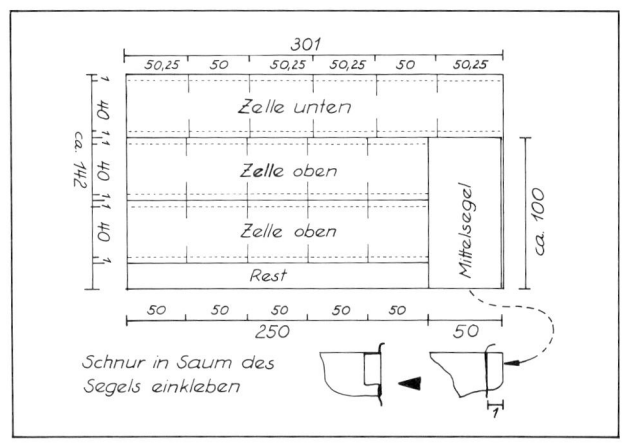

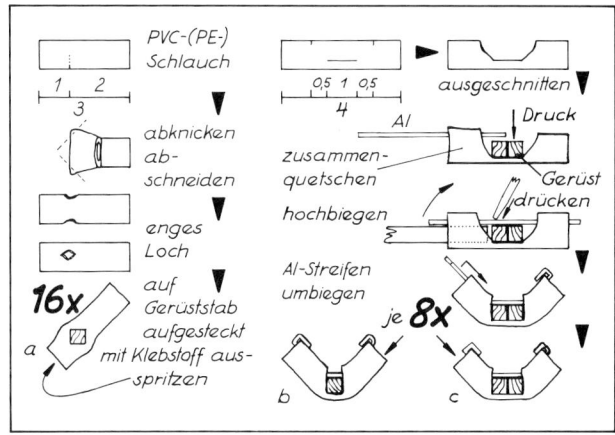

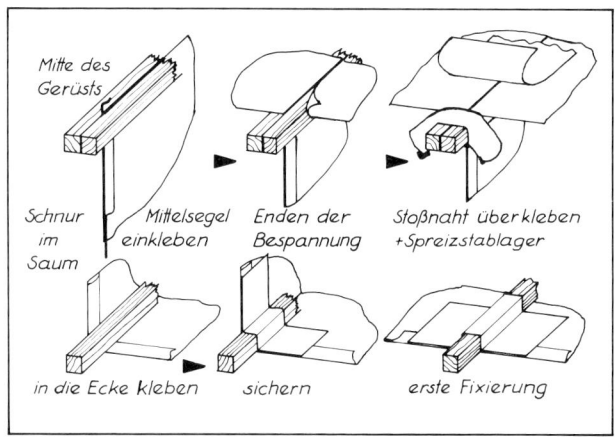

Aus der Flugpraxis ergab sich die Notwendigkeit, das Tyvek am Gerüst durch aufgeklebte Tyvekreste zusätzlich zu sichern. Sie ersparen sich viel Ärger, wenn Sie diese Arbeit vor dem ersten Start sehr sorgfältig durchführen. Ohne Spannschnüre s läßt sich der Barrage nicht spannen. Nur die Längsstäbe auf der Vorderseite des Drachens werden mit den 110 cm langen Stäben verstärkt. Der zuerst eingeklebte Gerüststab darf dabei nicht verbogen werden. Am besten spannen Sie alle Stäbe beim Aufleimen zusammen mit untergelegten Latten auf ein ebenes Brett (Tisch). Die diagonalen Spreizstäbe werden mit 45°-Winkel abgeschnitten. In der Mitte erhalten sie eine Führung. Nach dem Aufspreizen fügt man die Kreuzungen der Spreizstäbe zusammen, legt über sie die Längsstreben l und befestigt sie mit Gummiringen aus einem Fahrradschlauch. Die fünfschenkelige Waage wird nur an der Vorderseite oben angebracht. Meine Längen (s. Zeichnung S. 54):
(1) und (5) 198 cm,
(2) und (4) 177 cm,
(3)   172 cm.

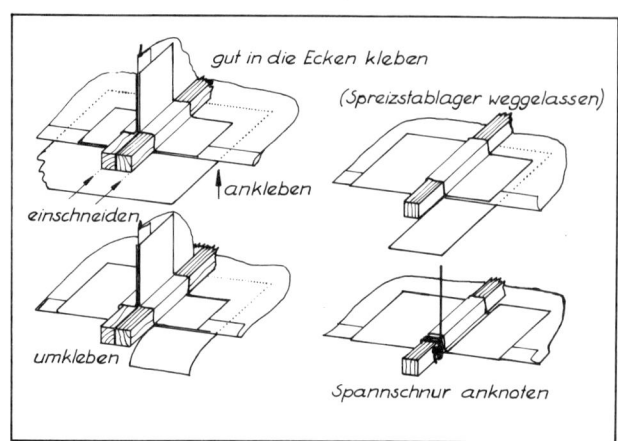

gut in die Ecken kleben

(Spreizstablager weggelassen)

ankleben

einschneiden

umkleben

Spannschnur anknoten

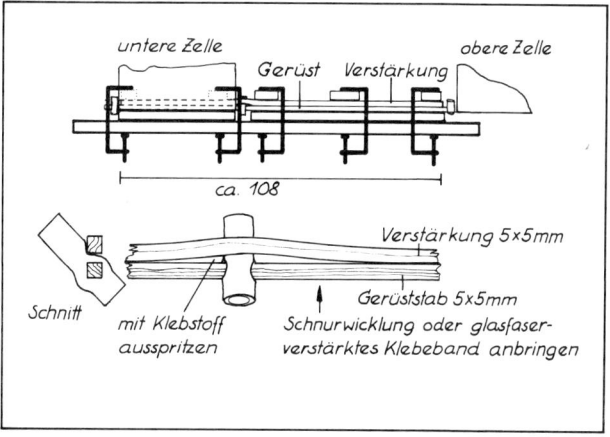

untere Zelle   Gerüst   Verstärkung   obere Zelle

ca. 108

Schnitt

mit Klebstoff ausspritzen

Verstärkung 5x5mm

Gerüststab 5x5mm

Schnurwicklung oder glasfaserverstärktes Klebeband anbringen

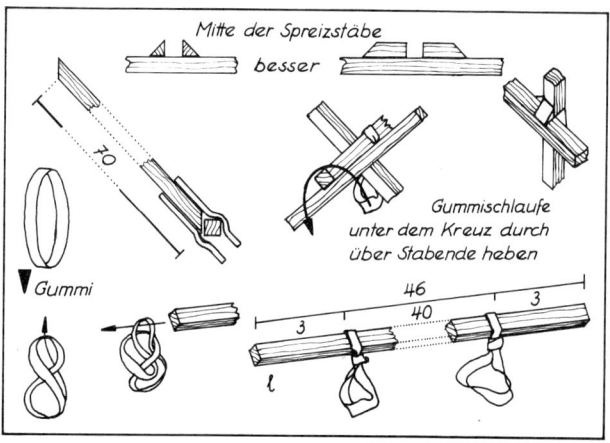

Mitte der Spreizstäbe

besser

Gummischlaufe unter dem Kreuz durch über Stabende heben

Gummi

46

40

3   3

l

Die beiden Barrage-Drachen sind nach dem gleichen Grundmuster, aber mit ganz unterschiedlichem Aufwand zu bauen. Der Mini fliegt lebendiger als sein großer Bruder.

Barrage-Mini

Sie brauchen:
Ca. 1 lfm Tyvek,
140 cm breit.
Fichtenleisten 5 x 5 mm:
4 Stück 80 cm,
8 Stück 22 cm,
6 Stück 55 cm und
1 Stück 24 cm lang.
Ca. 32 cm PVC-Schlauch,
Ø innen 6 mm.
2 Aluminiumblechstrei-
fen 1 x 3 mm, je 5 cm
lang. Dünne Schnur für
die Säume. Glasfaser-
verstärkten Klebefilm.

Der große Barrage-Drachen überzeugt mit seinem ruhigen und steil aufstrebenden Flug. Da er seinen Anstellwinkel selbst wählt, gibt es bei ihm keine Einstellprobleme. Alle Arbeiten an diesem Drachen sind einfach durchzuführen, allerdings muß man für die vielen Gerüstverbindungen und Streben reichlich Zeit aufwenden. Daher habe ich – auch im Blick auf die jüngeren unter den Drachenfreunden und ihren kleineren Geldbeutel – ein weiteres Modell erarbeitet, das ich zunächst als „total reduzierten Barrage" bezeichnete. Aus den 32 Gerüstverbindungen wurden 8, aus den 24 Spreizstäben 6 und aus der fünfschenkeligen Waage wurde eine direkte Leinenbefestigung. Diese letzte Maßnahme läßt den Mini etwas lebhafter auf unregelmäßigen Wind reagieren. Auf den ersten Blick könnte man meinen, ein historisches Doppeldeckerflugzeug vor sich zu haben. Bevor Sie sich an den Bau des Mini-Barrage machen, sollten Sie die Bauanleitung für das größere Vorbild ebenfalls genau ansehen, denn wesentliche Bauschritte sind nur dort ausführlich dargestellt.

Der „reduzierte Barrage-Drachen" hat die diagonalen Spreizstäbe jeweils in der Zellenmitte. Beim Aufbau erweist es sich als günstig, die Spreizen zuerst in das Lager in der Drachenmitte zu stecken. Achten Sie darauf, daß die vier langen Längsstäbe in der Drachenmitte ganz regelmäßig (nicht verdreht, wie es bei dünnen Leisten vorkommen kann) geschnitten sind.

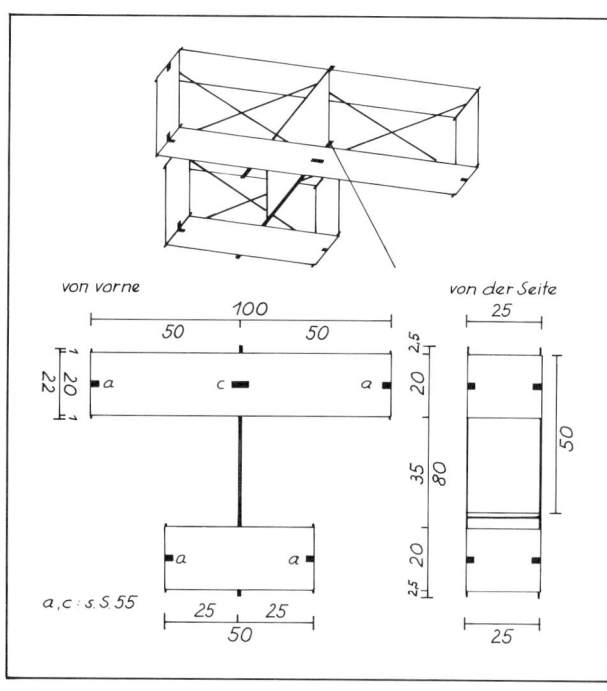

von vorne

von der Seite

a, c : s. S. 55

Schneiden Sie die Be-
spannung aus Tyvek zu.
Kleben Sie die Säume
um. In die beiden Säume
des Mittelsegels werden
dünne Schnurstücke ein-
gearbeitet, bevor es
zwischen die großen
Längsstäbe geklebt wird.
Bringen Sie die Sprei-
zenlager auf den Gerüst-
stäben an. Im Mittelsegel
genügt je ein kleiner
Schnitt, den Sie nachher
mit Klebstoff überstrei-
chen, um die Al-Streifen
für die Doppellager
durchzuführen. Schaffen
Sie in der Bespannung
ausreichend Platz für die
PVC-Schlauchstücke, die
Sie aufstecken und fixie-
ren müssen, bevor Sie
die Bespannung mit
Alleskleber aufkleben
und, wie beim großen
Modell, an den kritischen
Stellen zusätzlich mit
Tyvekresten sichern.
Versäumen Sie nicht, die
Lochränder mit glasfaser-
verstärktem Klebefilm zu
versäubern. Direkt unter-
halb des Mittelsegels
bringen Sie noch eine
kleine Stütze an, die das
Segel strafft und die
ganze Konstruktion ver-
steift.
Der Barrage-Mini
braucht keine Waage.
Binden Sie ihn direkt an
den zentralen Längs-
stäben vor den oberen
Zellen an.

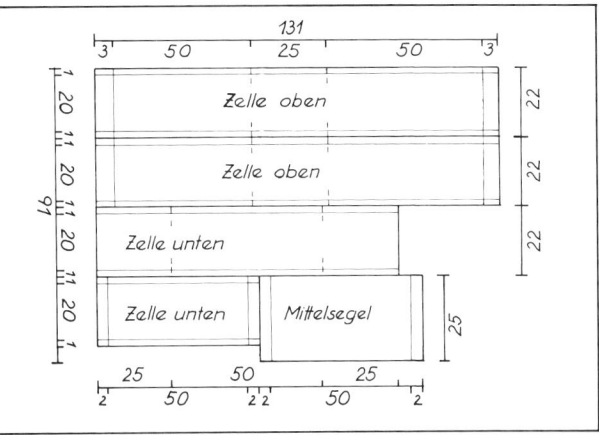

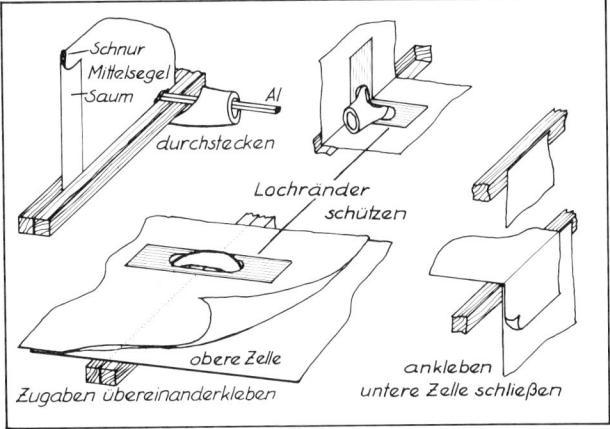

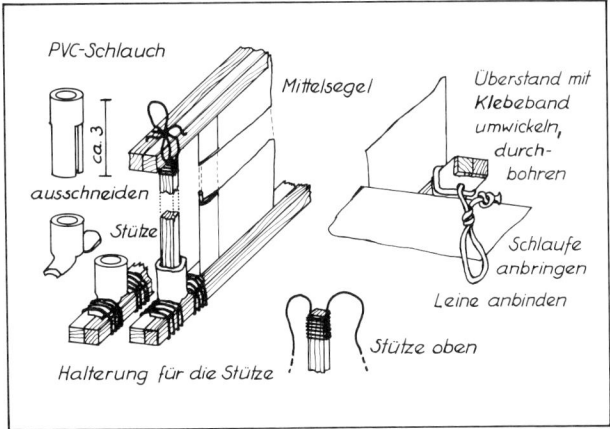

Samuel F. Cody

Der Flugpionier Samuel Franklin Cody wurde 1861 in Birdville, Texas, USA, geboren. Seine Kindheits- und Jugendjahre wurden geprägt durch das Leben in und am Rande der großen Prärie, durch den täglichen Umgang mit Pferden, Lasso und Büchse. Er wurde Cowboy, Büffeljäger und Goldsucher in Alaska und Yukon. 1888 schloß er sich einer Wildwestshow an, bis er 1890 nach England übersiedelte, wo er seine eigene Wildwestshow begründete, deren Hauptakteure er selbst, seine Frau Lela und seine noch kleinen Söhne Leon und Vivian waren. Sehr zustatten kam ihm die Namensverwandtschaft mit William Frederic Cody, dem weltberühmten Buffalo Bill. Cody bereiste mit seiner Show den europäischen Kontinent und Nordafrika.

Ab 1898 hatte Cody mit seinem Melodrama „The Klondike Nugget" in Mittel- und Nordengland großen finanziellen Erfolg, der ihn in die Lage versetzte, sich verstärkt seiner Liebhaberei, dem Bau leistungsfähiger Drachen, hinzugeben. 1901 schickte er erstmals meteorologisches Registriergerät mit Drachen auf eine Höhe von über 4000 m, was ihm die Mitgliedschaft in der Royal Meteorological Society einbrachte. Im selben Jahr meldete er sein erstes Patent an. Seine Haupteinnahmequelle war weiter sein Theaterunternehmen, mit dem er in England von Stadt zu Stadt zog und damit gleichzeitig auch seine Drachenexperimente weithin bekannt machte. Offensichtlich entschied sich Cody endgültig im Februar 1903,

Codys Drachen wurden auch als „Kriegsdrachen" bezeichnet.
Die letzten Kriegsdrachen nach Codys Muster wurden 1942 von der Royal Air Force als „target kites" (Zieldrachen für die Luftabwehr) gebaut.

professioneller Drachenbauer zu werden, als er sein Man-Lifter-System der britischen Navy anbot. Er bekam den Auftrag, vier Man-Lifter-Sets (16 Drachen) anzufertigen. Im Juni 1903 wurde er zum Mitglied der Royal Aeronautical Society berufen. Auf Wunsch des Kriegsministeriums perfektionierte Cody sein Man-Lifter-System für die Artilleriebeobachtung. 1904 ließ er sich endgültig in Farnborough nieder, wo er nicht nur sein Drachensystem zu einer Reife entwickelte, wie es einmalig auf der Welt war und viele Nachahmer fand, sondern auch erfolgreich an Luftschiffen und schließlich am ersten motorgetriebenen Flugzeug Englands arbeitete, das er als erster am 16. Mai 1908 flog. Vom schillernden, im Cowboylook auf weißem Schimmel agierenden Schausteller,

Der Cody ist der unangefochtene Star unter den klassischen Modellen. Die weiße Tyvek-bespannung unterstreicht sein majestätisches Erscheinungsbild.

dem man mit großem Mißtrauen begegnete, war Samuel Franklin Cody zum genialen Erfinder und vielbewunderten Flieger gewandelt, als er am 7. August 1913 bei einem Flugzeugabsturz ums Leben kam. Codys Drachen, der als der „Cody" in die Geschichte einging, stand auf der Höhe einer Renaissance der Drachenidee, die in den letzten Jahren des 19. Jahrhunderts begonnen hatte und mit der Erfindung des Motorflugzeugs ihren Niedergang erfuhr. Codys Drachen sind die Krönung einer Entwicklung, deren wesentliche Meilensteine durch Eddys flächenwinkeligen Drachen und Hargraves Kastendrachen gesetzt wurden. Im Prinzip besteht der Cody aus zwei hintereinander angeordneten Doppelzellen, die zusätzlich mit winkelig angebrachten Flügeln versehen sind. Der besondere Pfiff der Konstruktion liegt darin, daß nur zwei Spreizenpaare ausreichen, um den ganzen Flugapparat zu spannen.

Mein Tyvek-Cody hält sich streng an die von Cody vorgegebene Form. Auf die komplizierte Führung der Spreizen in den Flügeln habe ich bewußt verzichtet.

Cody-Drachen mit Tyvekbespannung

Sie brauchen:
5 lfm Tyvek, 140 cm breit. Rundstäbe aus Fichten- oder Raminholz, $\varnothing$ 10 mm:
4 Längsstäbe, 156 cm,
2 Längsstäbe, 56 cm.
$\varnothing$ 12 mm für die diagonalen Spreizstäbe:
2 Stück, 142 cm, 6 Stück, 92,5 cm. $\varnothing$ 8 mm: 4 Stück, 52 cm lang.
Ca. 15 m Leinenband, 12 bis 15 mm breit. Ca. 20 m geflochtene Perlonschnur, $\varnothing$ 1,5 bis 2 mm. Dünne feste Stoffreste (Inlettstoff), Alles- und Gewebekleber. Näh- utensilien, Nähmaschine! 8 Dosenklemmen als Einstellhilfen an den Spannschnüren.
Ca. 40 cm Al-Rohr, $\varnothing$ innen 12 mm, oder entsprechendes Al-Blech, Schnur und Kunstharz (siehe Seite 116).

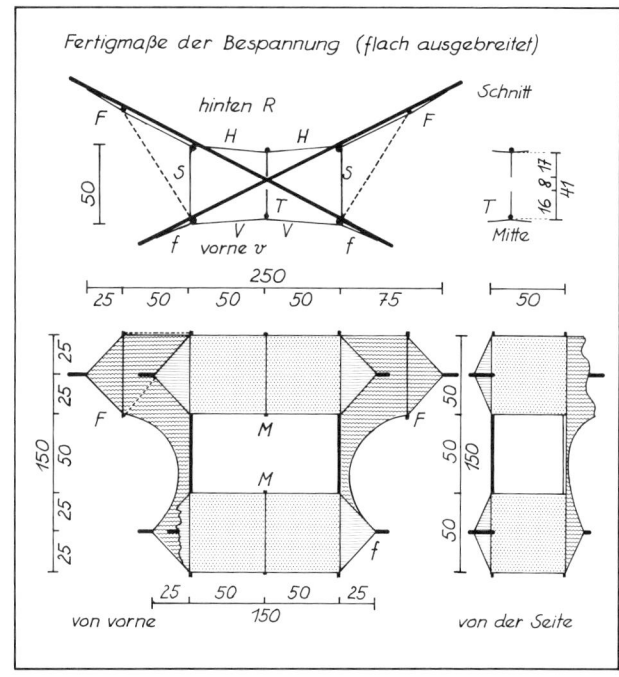

Die 5 lfm Tyvek nutzen sie am besten, wenn Sie einem Rand entlang 3mal den Zellenzuschnitt HSV aufzeichnen, die vierte Fläche legen Sie neben die erste und zeichnen neben die beiden anderen die beiden Flügel F. Neben den Flügeln bleibt ausreichend Platz für die beiden Zellentrennwände T und die vier kleinen Flügel f (Hörner).

Bei den großen Flügeln müssen Sie zwei spiegelbildliche Partner zuschneiden! Die Hilfslinien a, m sollten auf der Innen- bzw. Rückseite des fertigen Drachens liegen. In der Mitte sind sie am besten beidseitig sichtbar aufgezeichnet. Beachten Sie die genauen Zugaben und die Lage der Hilfslinien in den vergrößerten Ausschnitten. Alle Tyvekränder müssen sehr sorgfältig verstärkt und gesäumt werden. Am besten verwenden Sie Leinen- oder Baumwollband, das vorher einmal gewaschen wurde. Sowohl die Bänder als auch die Schnüre kleben Sie glatt auf, ohne sie dabei zu spannen. Entlang der Schnur nur mit geringer Fadenspannung nähen!

Die Leinenbänder können Sie auch durch dünnere Schnüre ersetzen.

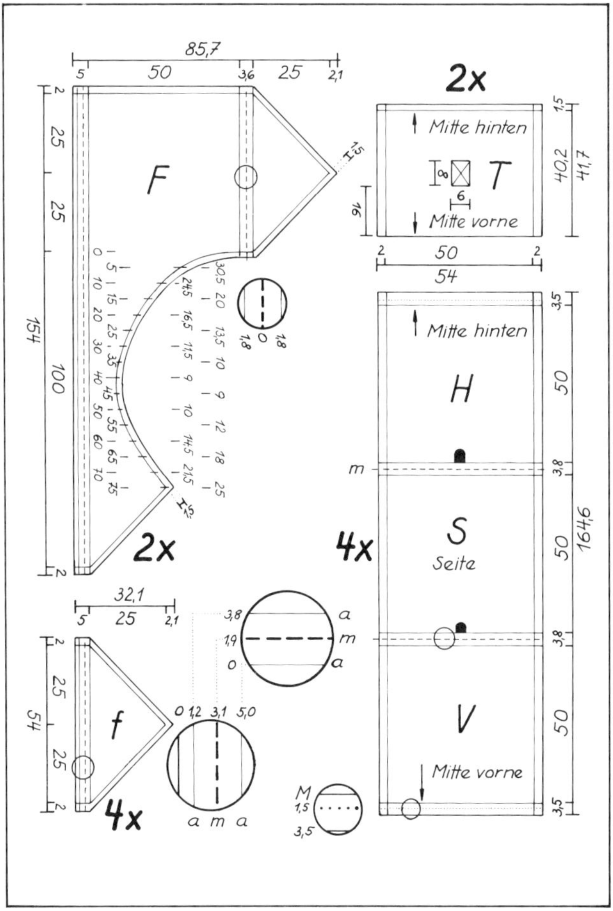

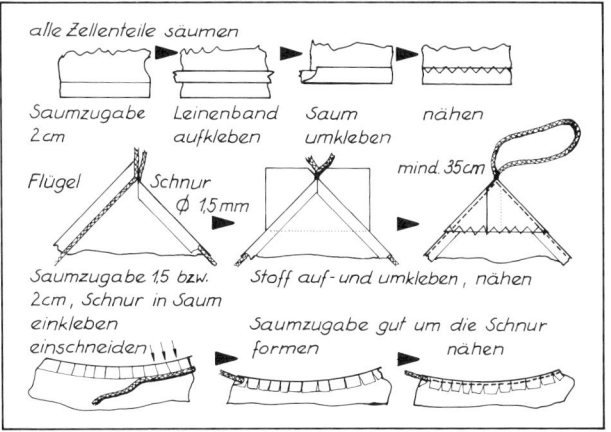

alle Zellenteile säumen

Saumzugabe 2cm — Leinenband aufkleben — Saum umkleben — nähen

Flügel — Schnur Ø 1,5mm — mind. 35cm

Saumzugabe 1,5 bzw. 2cm, Schnur in Saum einkleben einschneiden — Stoff auf- und umkleben, nähen — Saumzugabe gut um die Schnur formen — Saumzugabe gut um die Schnur nähen

In gleichmäßigem Wind kann der sechzehnzellige Tetraeder stundenlang seinen Platz am Himmel halten. Aufbau und Start sind vollkommen problemlos.

Die Wände T, H und S müssen Durchlässe für die Spreizstäbe bekommen. Verstärken Sie alle Lochränder mit aufgeklebter Schnur und Flikken aus Tyvekresten. Am besten zeichnen Sie die Löcher beim Zuschneiden nur ein, brechen sie aber erst nach dem Zusammennähen durch. Beim Zusammennähen halten Sie sich an den folgenden Ablaufplan:

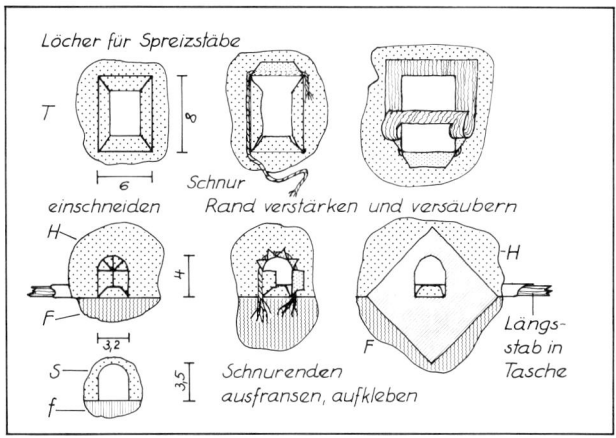

Löcher für Spreizstäbe

T

Schnur

einschneiden   Rand verstärken und versäubern

H

F

S

f

Schnurenden
ausfransen, aufkleben

Längsstab in Tasche

1. In diese Taschen kommen später die 56 cm langen Längsstäbe.
2. Beim Einnähen der kleinen Flügel entstehen gleichzeitig die vorderen Längstaschen.
3. Ein Flügel verbindet die Zellen einer Drachenhälfte auf der Rückseite. Es entstehen durchlaufende Taschen für die hinteren Längsstäbe.
4. Legen Sie eine Drachenhälfte mit der Innenseite nach unten auf eine ebene Unterlage. Darauf kleben Sie die beiden Mittelwände T, darauf die zweite Drachenhälfte mit der Innenseite nach oben. Nähen!
5. Vereinen Sie die hinteren Zellenwände mit der Trennwand T in M. Es ist einfacher, die Taschen für die mittleren Längsstäbe hinten außen entstehen zu lassen.

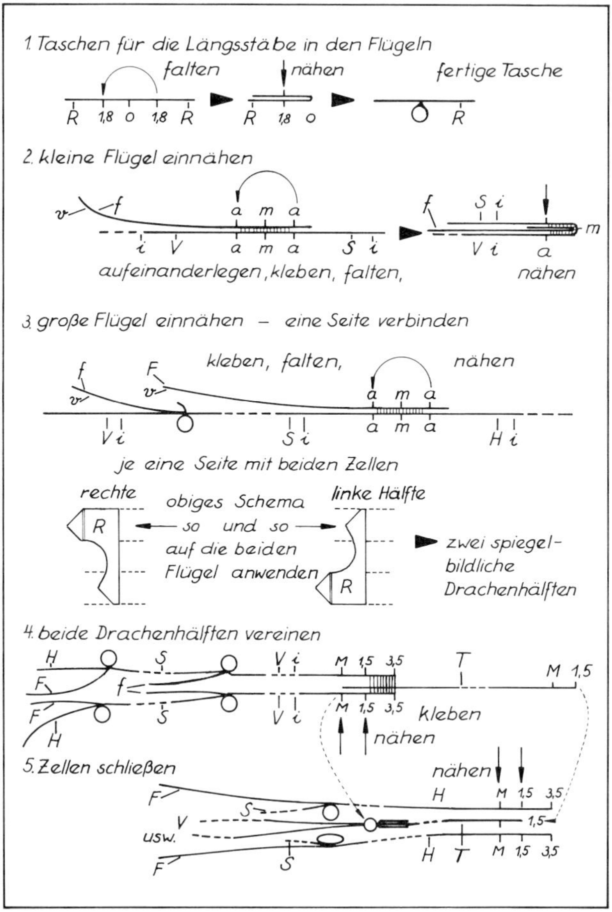

1. Taschen für die Längsstäbe in den Flügeln

falten   nähen   fertige Tasche

2. kleine Flügel einnähen

aufeinanderlegen, kleben, falten,   nähen

3. große Flügel einnähen — eine Seite verbinden

kleben, falten,   nähen

je eine Seite mit beiden Zellen

rechte   obiges Schema   linke Hälfte
so und so
auf die beiden
Flügel anwenden

zwei spiegelbildliche Drachenhälften

4. beide Drachenhälften vereinen

kleben
nähen

5. Zellen schließen

nähen

usw.

65

Der traditionelle Cody hat durchlaufende Spreizen. Die Mittelverbindungen, die ich verwende, erlaubt dünnere Spreizstäbe, stabilisiert zusätzlich und reduziert das Packmaß. Lassen Sie die Stäbe ruhig so lang, wie ich im Bedarf angegeben habe. Die Einstellhilfe kann durch Knoten ersetzt werden, wenn der Drachen einmal richtig getrimmt ist.

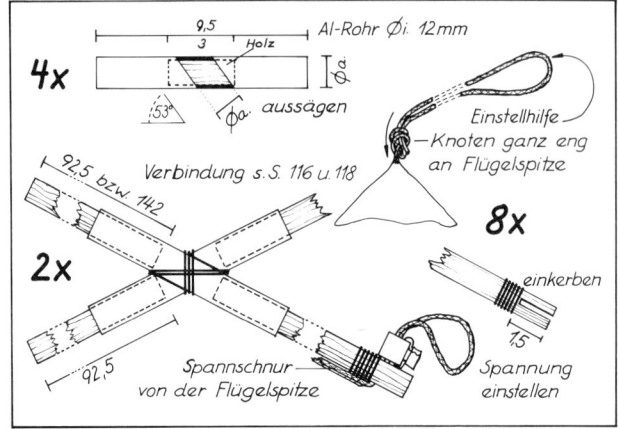

Fixieren Sie die Bespannung auf den Längsstäben. Überstände beachten! Spannen Sie den ganzen Drachen an den Spreizstäben auf, bis Sie ihn in die richtige Form gebracht haben. Erst dann bringen Sie die Flügelabspannungen an, die verhindern, daß die Flügel verdrehen können.

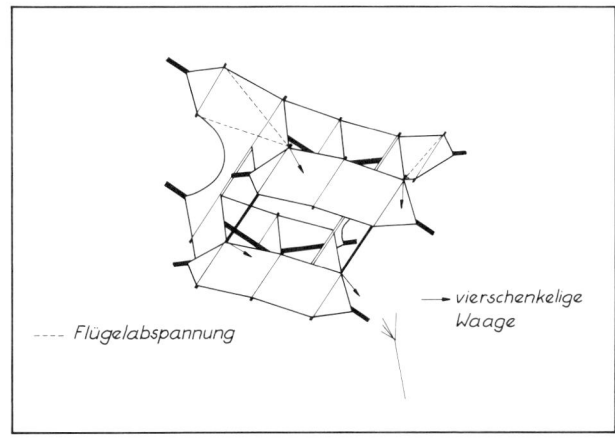

Zum ersten Probeflug vereinen Sie die Waagenschenkel zunächst so, daß die unteren Schenkel etwas länger als angegeben sind. Tasten Sie sich erst dann an den exakten Zugpunkt heran.

Sie werden überrascht sein, wie selbstverständlich Ihr Cody aufsteigt. Ein begeisterter Beobachter nannte meinen Cody eine „Raumstation", weil er stundenlang ruhig über unserem Urlaubsstrand stand. Er ist der ideale Drachen, um eine Leine am Himmel zu „verankern" und dann eine Fähre daran aufsteigen zu lassen. Manchmal wird der Leinenwinkel dafür fast zu steil. Bei der Luftaufnahme auf Seite 101 schickte ich meine Kamera entlang der Leine meines Codys nach oben.

Beim größten europäischen Drachenfest, das jedes Jahr an einem Juniwochenende in Scheveningen, Holland, stattfindet, demonstriert eine Mannschaft aus drei Holländern und einem Briten das Cody-Man-Lifter-System

Codys Man-Lifter-System

Ein gutes Stück des Hauptseils wird zunächst nur durch den Leitdrachen hochgezogen. In ihm befinden sich konisch geformte Hindernisse (Knollen), deren Größe nach oben zunimmt. Die Lifter steigen, geführt an Nasen- und Zugring, am Hauptseil auf. Der Zugring des ersten Lifters schlüpft über alle unteren Knollen und wird erst am obersten Hindernis festgehalten. Ihm folgen die anderen Lifter mit abnehmendem Durchmesser der Zugringe, so daß sie jeweils eine Knolle tiefer als ihr Vorläufer hängenbleiben. Das Hauptseil wird dadurch wie eine stabile schiefe Ebene in der Luft gehalten. Der riesige Fährdrachen, durch dessen Nasenring ebenfalls das Hauptseil läuft, zieht hinter sich eine Laufkatze mit dem Korb, in dem der Passagier sitzt. Über Flaschenzüge und ein Seilsystem kann vom Korb aus die Stellung des Fährdrachens im Wind so verändert werden, daß er die Last entlang der schiefen Ebene des Hauptseils heben kann oder selbst durch die Last nach unten gezogen wird.

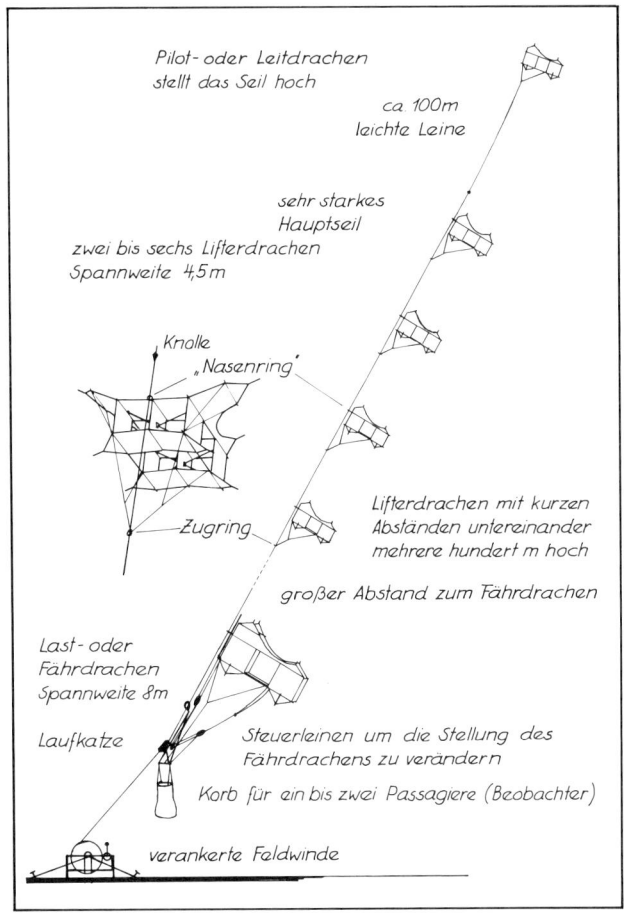

Pilot- oder Leitdrachen stellt das Seil hoch

ca. 100m leichte Leine

sehr starkes Hauptseil

zwei bis sechs Lifterdrachen Spannweite 4,5m

Knolle

„Nasenring"

Zugring

Lifterdrachen mit kurzen Abständen untereinander mehrere hundert m hoch

großer Abstand zum Fährdrachen

Last- oder Fährdrachen Spannweite 8m

Laufkatze

Steuerleinen um die Stellung des Fährdrachens zu verändern

Korb für ein bis zwei Passagiere (Beobachter)

verankerte Feldwinde

nach historischem Vorbild. Pilot- und Lifterdrachen stehen einige hundert Meter über dem Strand von Scheveningen und spannen das Hauptseil als stabile schiefe Ebene. Ein Aufstieg mit dem Fährdrachen setzt immer entsprechende Sicherheitsmaßnahmen voraus. Zu den unerläßlichen Einrichtungen der Fähre gehören eine Aufhängung, die Rotationen des Korbes verhindert, eine Bremse für die Laufkatze und Sicherheitsleinen, die vom Bodenpersonal gehalten werden. Durch Zug an diesen Leinen wird der Abstieg der Fähre unterstützt, der im wesentlichen durch die Stellung des Fährdrachens erreicht wird. Reizt es Sie nicht, ein solches Man-Lifter-System in kleinerem Modellmaßstab nachzuspielen?

Graham Alexander Bell

Der Erfinder des Telefons war seinerzeit auch ein berühmter Drachenpionier.

Graham Alexander Bell (1847–1922), der Erfinder des Telefons, setzte sich zwischen 1898 und 1910 intensiv mit dem Drachenflug auseinander; sein Ziel war, eine manntragende Flugmaschine zu entwickeln. Er baute auf den Kastendrachen Hargraves auf und konstruierte eine große Zahl ganz unterschiedlicher Zellendrachen. Über die Dreieckszelle gelangte er schließlich zur zweiflächig bespannten Tetraederzelle (Patent 1904), die den Grundbaustein seiner riesigen Apparate bildete. Sein „Frost King" von 1905 bestand aus 1300 Tetraederzellen mit je 25 cm Kantenlänge und hob unbeabsichtigt einen Mann auf 10 m Höhe. Dadurch ermuntert, baute Bell Cygnet I, einen 3393-Zeller, der 1907 mit Lieutenant T. E. Selfridge an Bord, gezogen von einem Dampfschiff, ca. 50 m hoch aufstieg. Weitere Tetraederkonstruktionen mit Motorantrieb konnten aber nicht zum Fliegen gebracht werden, so daß sich Bell 1909 anderen Aufgaben zuwandte.

Bells Tetraederzellendrachen bieten erstaunlich viele Möglichkeiten.

Mein erster vierzelliger Tetraederdrachen war starr und brachte große Transportprobleme. Daher entschloß ich mich bei einem Neubau zu einer Konstruktion, bei der nur ein Spreizstab entnommen werden muß, um den Tetraeder zu einem flachen Dreieck zusammenklappen zu lassen. Das Flugverhalten dieses Vierzellers spornte mich an, weitere Vier- und Zweizeller zu bauen, die nach einem Baukastenprinzip zu richtigen Großdrachen vereint werden können.

Die Flugstabilität der Tetraederdrachen nimmt mit der Anzahl der Zellen zu. Konnte ich den Einzeller erst mit einer komplizierten dreischenkeligen Waage und einem langen Schwanz dazu bringen, sich nicht dauernd auf den Kopf zu stellen, flog der Zweizeller auf Anhieb mit der zweischenkeligen Waage vollkommen problemlos. An dem stabilen Vierzeller, den ich bis Windstärke 6 Bft getestet habe, reizte mich besonders der weitere Ausbau zum Sechzehnzeller. Unschwer lassen sich aus meinem Baukastenmaterial andere kleine, mit weiteren Bausteinen aber sicher auch viel größere Drachen zusammenstellen. Mein Zweiundzwanzigzeller ist nur ein Beispiel für eine solche Konstruktion, die Sie als Anreiz für Ihre Fleißaufgabe sehen sollten.

Vielleicht können Sie sich mit anderen Drachenfreunden zum Bau gleicher Tetraederdrachen verabreden, um sie dann zu einem richtigen Großdrachen zu vereinigen.
Der erste gemeinsame Start könnte Anlaß für ein großes Drachenfest werden.

Einzelliger Tetraederdrachen

Sie brauchen:
Fichten- oder Raminlei-
sten, 5 x 5 mm, 6 Stück je
48 cm, 1 Stück 45 cm.
Wenig Sperrholz, 5 mm
stark. Dünne Schnur,
Leim, wenig Draht und
Klebeband. Bespannung
Tyvek, Folie oder Papier.
Dreischenkelige Waage
57/57/16.

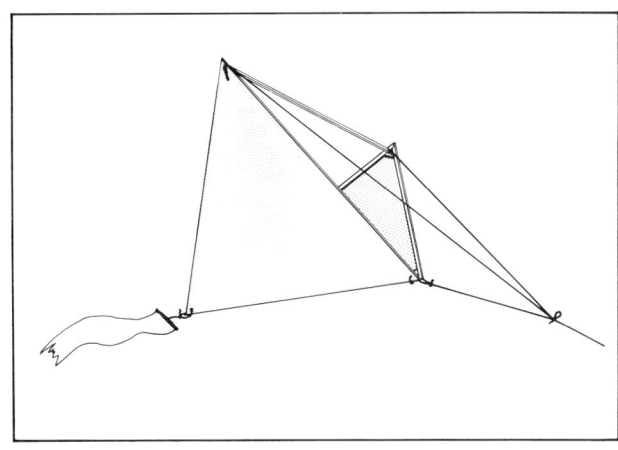

An diesem Modell zeige
ich das Grundmuster,
nach dem die Gerüste
aller übrigen Tetraeder-
drachen gebaut sind.
Die Gerüststäbe werden
unter 30° abgeschnitten
und dann untereinander
mit Unterstützung durch
die Sperrholzdreiecke
gut verleimt. Bringen Sie
die Schnursicherungen
erst nach dem Abbinden
an, und überstreichen
Sie auch diese mit Leim.

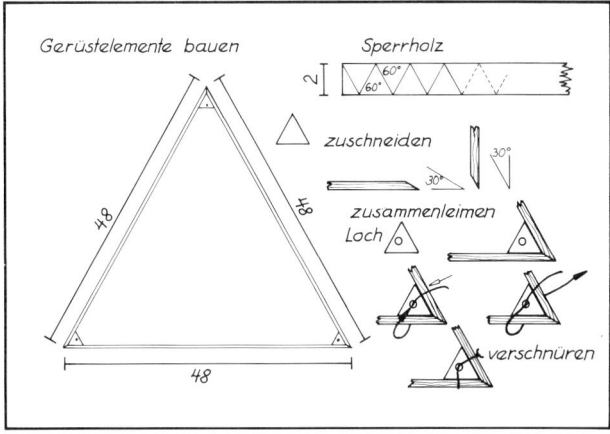

Gerüstelemente bauen

Sperrholz

zuschneiden

zusammenleimen
Loch

verschnüren

Die Schnurscharniere
sind der eigentliche Pfiff
dieser Konstruktion. Kle-
ben Sie die Bespannung
erst auf, wenn das Ge-
rüst fertig verbunden ist.
Die Spreize hat nicht viel
auszuhalten. Das Klebe-
band kann durch eine
verleimte Schnurwick-
lung ersetzt werden. Die
dreischenkelige Waage
wird durch die Löcher
vorne und an der Sprei-
ze angebunden (s. o.).

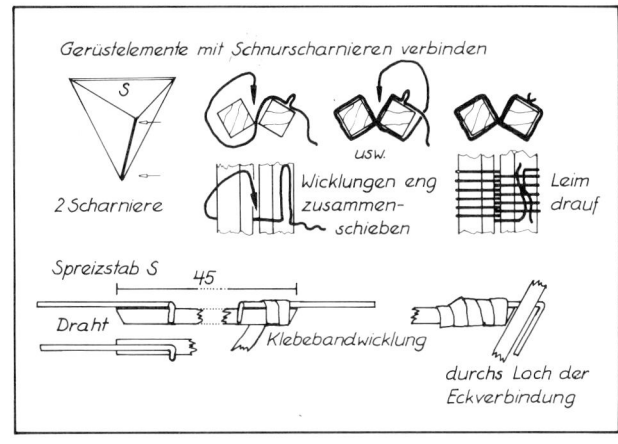

Gerüstelemente mit Schnurscharnieren verbinden

2 Scharniere

usw.

Wicklungen eng
zusammen-
schieben

Leim
drauf

Spreizstab S   45

Draht

Klebebandwicklung

durchs Loch der
Eckverbindung

Vierzelliger Tetraederdrachen

Nach Entfernen des Spreizstabes läßt sich der Vierzeller ebenfalls zusammenklappen. Alle Elemente sind untereinander durch Schnurscharniere verbunden.

Sie brauchen:
5 x 5-mm-Leisten: (6 x) 96 cm und (12 x) 48 cm lang. Spreizstab mindestens 7 x 7 mm, 100 cm lang. Dünne Schnurreste, Leim, Alleskleber, Gummiringe (Fahrradschlauch), Klebeband, Draht. Bespannung wie oben. Zweischenkelige Waage 75/114.

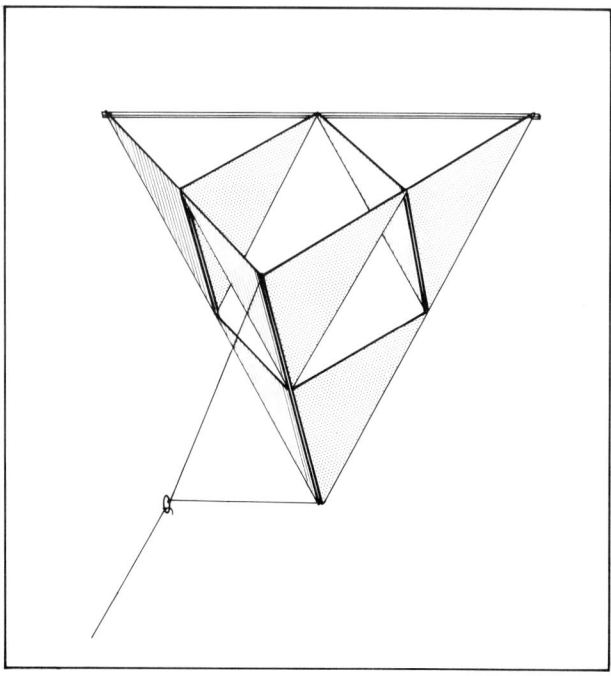

Verbinden Sie zweimal je drei 96 cm lange Stäbe zu zwei großen gleichseitigen Dreiecken. Bauen Sie vier kleine Dreiecksgerüste wie beim Einzeller. Zwei davon werden an allen Ecken beschnitten und in die beiden großen Dreiecksgerüste eingefügt. Bespannen!
Mit Nadel und dünner Schnur verbinden Sie je ein großes und ein kleines Element mit zwei, anschließend die beiden großen Elemente untereinander mit drei Schnurscharnieren.

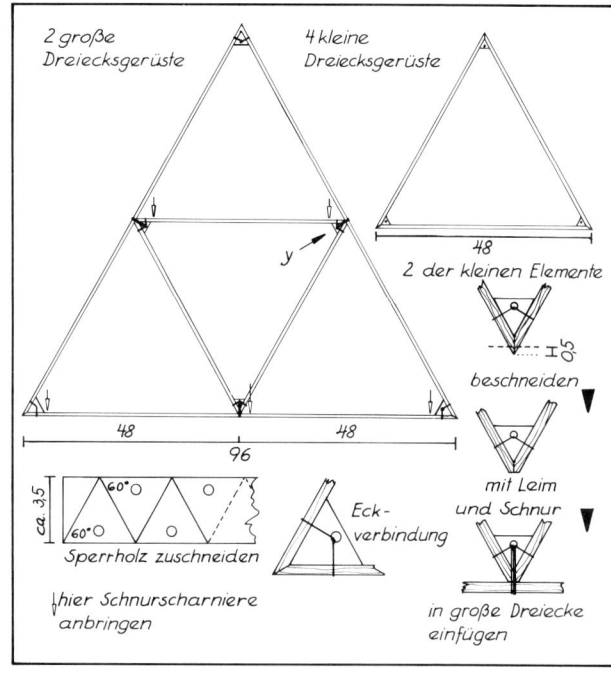

70

Die inneren beiden Zellenwände werden an ihren Spitzen beweglich mit Schnur verbunden. Der Spreizstab bekommt an seinen Enden je eine Führung für die Wände. Befestigt wird er mit drei Gummilaschen. Außen werden die Gummiringe durch ein Loch im Sperrholz gezogen und um das Spreizenende eingehakt. In der Mitte fährt man mit dem Gummiring zwischen den beiden Elementen durch und hebt ihn über die Spitzen in den Drahthaken. Zur Kombination zum 22-Zeller haben die Stabenden eine andere Form.

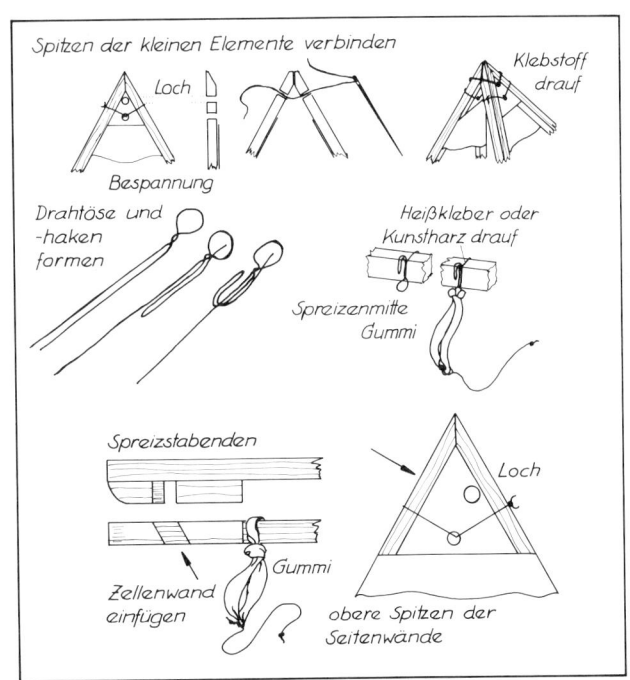

Der Vierzeller braucht mindestens Windstärke 3 Bft, um sich in der Luft zu halten. Andererseits kann er auch sehr harten Wind verkraften. Um die mechanische Stabilität etwas zu steigern, habe ich meinem Prototyp, als ich ihn bei Windstärke 6 Bft testete, eine zusätzliche Strebe in halber Höhe eingefügt. Diese Strebe, ein dünner Bambussplittstab, läßt sich in den Löchern der Sperrholzdreiecke mit Klebeband leicht fixieren.

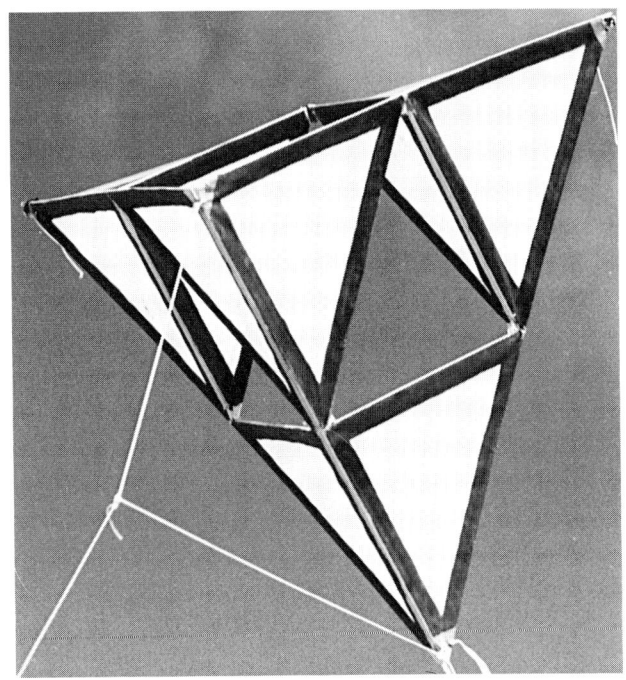

Sechzehnzeller

Der Sechzehnzeller wird aus vier Vierzellern zusammengesetzt. Die unten hintereinander angeordneten Bausteine werden in der Mitte durch das Verbindungsteil A zusammengehalten. Ihre oberen Spitzen tragen die Kupplungen B, an denen die oberen beiden Vierzeller befestigt werden. Am besten bringen Sie oben eine durchlaufende Querstrebe an. Die dreischenkelige Waage wird vorne (132 cm), am Verbindungsteil A in der Mitte (190 cm) und ganz hinten (265 cm) angebracht. (Foto S. 64)

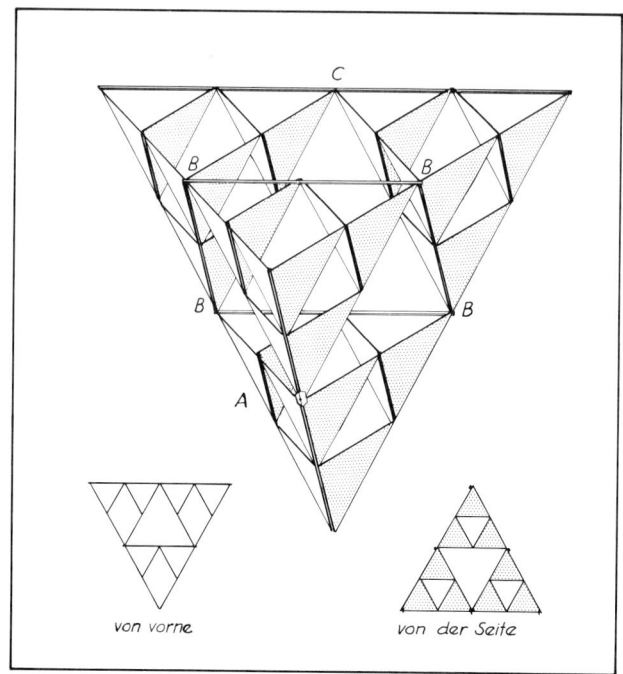

von vorne.

von der Seite

Das Verbindungsstück A besteht aus Al-Blech. Es verkeilt sich an den Sperrholzdreiecken, wenn es in die fertig aufgebauten Vierzeller innen eingesetzt und das Gegenstück von außen dagegen gespannt wird. Die Kupplung B müssen Sie viermal anfertigen. Die Kerben der Spreizstäbe müssen dem Aluminiumprofil angepaßt werden. Der Spreizstab wird sehr gut gehalten, wenn Sie den Gummiring um das beigeleimte Sperrholzdreieck spannen.

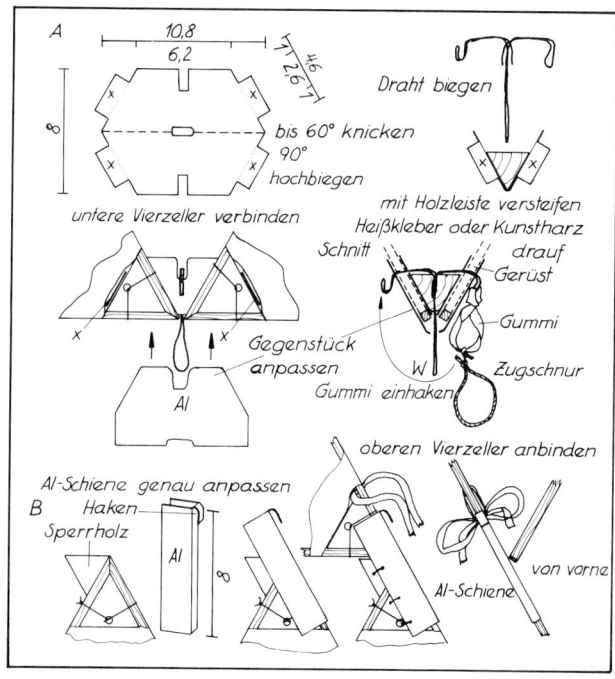

72

Am großen durchlaufenden Spreizstab sind insgesamt 5 Gummiringe angebracht. Die drei Gummizüge g sind wie der mittlere des Vierzellers befestigt.
Den großen Sechzehnzeller im Gelände aufzubauen, kann etwas schwierig werden. Wenn Sie sich an meinen Vorschlag halten, können Sie sogar ohne Gehilfen auskommen. Orientieren Sie aber Ihren Sechzehnzeller so, daß der Wind frei durchblasen kann.

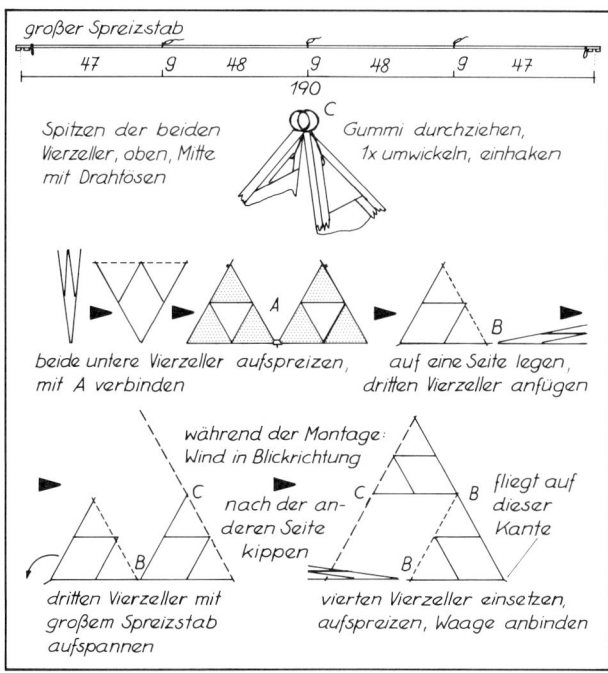

großer Spreizstab

47   g   48   g   48   g   47

190

Spitzen der beiden Vierzeller, oben, Mitte mit Drahtösen

C

Gummi durchziehen, 1x umwickeln, einhaken

A

beide untere Vierzeller aufspreizen, mit A verbinden

B

auf eine Seite legen, dritten Vierzeller anfügen

während der Montage: Wind in Blickrichtung

C

B

dritten Vierzeller mit großem Spreizstab aufspannen

nach der anderen Seite kippen

C

B

vierten Vierzeller einsetzen, aufspreizen, Waage anbinden

B

fliegt auf dieser Kante

Der Einzeller mit dreischenkeliger Waage und PVC-Strippen-Schwanz. Auf diese Weise getrimmt, fliegt er ab Windstärke 3 Bft.
Den Zweizeller habe ich ursprünglich nur als Ergänzungselement konzipiert, um mit drei dieser Zweizeller und den vier Vierzellern einen Zweiundzwanzigzeller aufzubauen. Mit einer zweischenkeligen Waage (45/110) fliegt er tadellos. Mehrere solche Zweizeller könnte ich mir gut als Kombination vorstellen.

Zweiundzwanzigzeller

Sie brauchen:
4 Vierzeller, 3 Zweizeller (s. u.). Leisten 15 x 15 mm: (2 x) 85 cm, (1 x) 126 cm lang. 10 x 15 mm mit gleichen Längen wie oben. Lattenreste. Kräftige Gummiringe, Al-Blech, steifen Draht, Leim, Leinenband, geflochtene Schnur, ø 1,5 mm, Reparaturharz oder Heißkleber.

Mit den unten beschriebenen Verbindungsteilen kann man den Zweiundzwanzigzeller zu Hause so weit vormontieren, daß er im Gelände nur noch gespreizt und auf den Querstäben befestigt werden muß. Packmaß: Gleichseitiges Dreieck, Kantenlänge 96 cm, maximal 14 cm Schichtdicke, Spreizen und Querstäbe.

Zur Schnellmontage der zweizelligen Ergänzungselemente befestigen Sie die aus Aluminiumblech gebogenen Verbindungsstücke D mit Gummiringen (Fahrradschlauch) bei d an den Zweizellern und haken sie dann bei y in die Vierzeller ein. Die Spreizstäbe bekommen hier Paßstücke aus Al-Blech, die seitlich nicht überstehen, so daß die Tetraederspitzen direkt aneinanderstoßend montiert werden können. Die unteren Querstäbe sind für den Transport zerlegbar. Auf den Querstäben fixieren aufgeleimte Holzklötzchen den Platz für die Zellen. Gummibänder, die vom Befestigungselement E kommen und um Drahtösen auf der Querstabunterseite eingehakt werden, halten die Zellen auf den Querstäben.

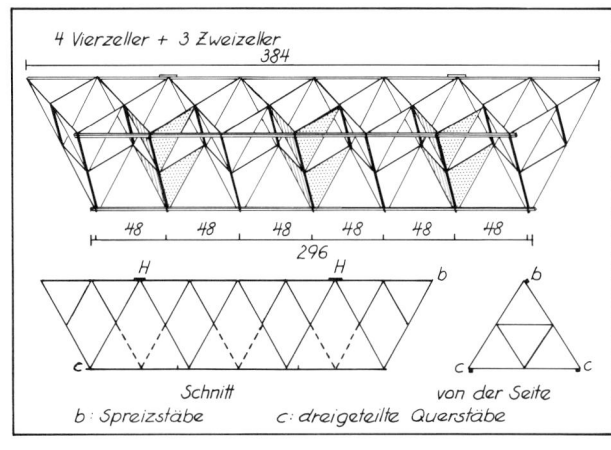

4 Vierzeller + 3 Zweizeller
384

48 48 48 48 48 48
296

H H b b

c c c

Schnitt
b : Spreizstäbe   c : dreigeteilte Querstäbe
von der Seite

Ergänzungselement

Spreizt man dieses zweizellige Ergänzungselement wie den Einzeller, bekommt man einen selbständig flugfähigen Drachen. Den Materialbedarf und die Bauschritte entnehmen Sie direkt der Zeichnung. Mit der zweischenkeligen Waage 45/110 fliegt er vollkommen problemlos (Foto Seite 73).

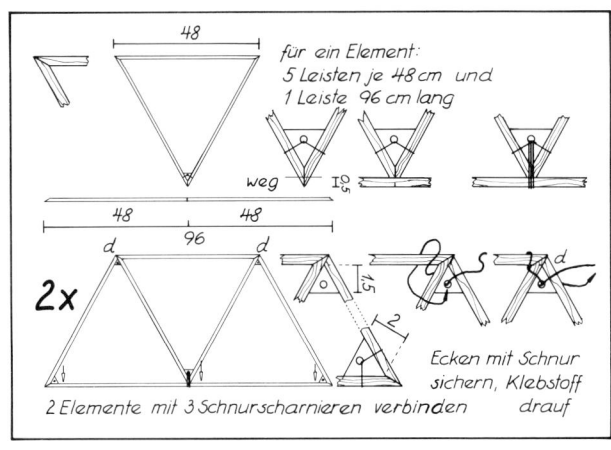

48

für ein Element:
5 Leisten je 48 cm und
1 Leiste 96 cm lang

weg

48   48
96

d   d

2x

d

Ecken mit Schnur
sichern, Klebstoff
drauf

2 Elemente mit 3 Schnurscharnieren verbinden

Mit Gummiringen bringen Sie vier solche Haken D an allen oberen Ecken d der Zweizeller an. D wird bei Y (s. S. 70) in das große Seitenelement des Vierzellers eingehakt. Pro Einzeldrachen brauchen Sie zwei Verbindungsteile E. Sie werden vorne und hinten jeweils zusammen mit zwei Gummiringen innen in das Gerüst eingehängt. Biegen Sie das Al-Blech für das Spreizstabende, und bringen Sie es mit Schnurwicklungen (+ Heißkleber oder Reparaturharz) an. Die Querstäbe sind in drei Teile zerlegbar. Die Aluminiumhülsen formen Sie selbst direkt auf den Stäben (s. S. 115). Sichern Sie die Steckverbindungen jeweils durch einen Stift aus einem dicken Draht, der von einem Gummiring gehalten wird.

Zwei Holzstückchen H, mit je zwei Leinenbändern angebunden, stellen Brücken zwischen den Spreizen her. Die beiden Gummibänder von E werden so nach unten durchgezogen und um die Drahtösen gelegt, daß die Querstäbe zwischen den beiden Bändern liegen. Die Waage binden Sie direkt an den Zellen, nicht an den Querstäben an.

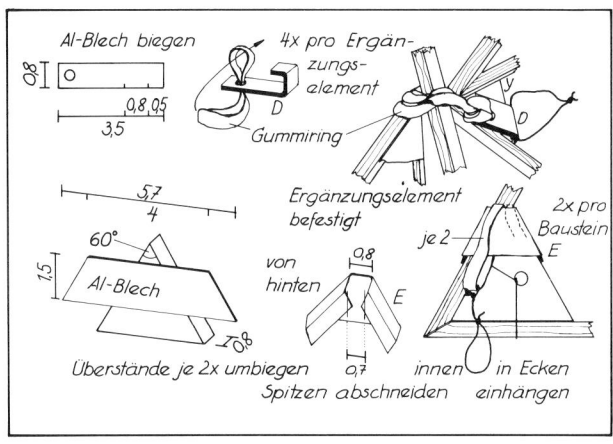

Al-Blech biegen — 4x pro Ergänzungselement — D — Gummiring

57 / 4 — 60° — 1.5 — Al-Blech

Überstände je 2x umbiegen — Spitzen abschneiden

Ergänzungselement befestigt — je 2 — von hinten — 0,8 — E — 2x pro Baustein E — 0,7 — innen in Ecken einhängen

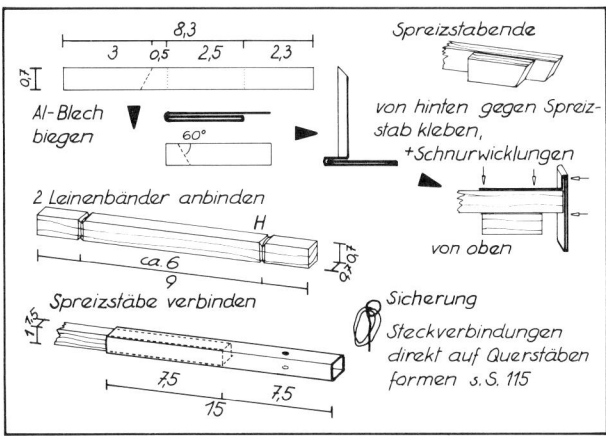

Al-Blech biegen — 8,3 — 3 — 0,5 — 2,5 — 2,3 — 0,7 — 60°

Spreizstabende — von hinten gegen Spreizstab kleben, +Schnurwicklungen — von oben

2 Leinenbänder anbinden — H — ca. 6 / 9 — 0,7

Spreizstäbe verbinden — 7,5 — 15 — 7,5 — 1,5

Sicherung — Steckverbindungen direkt auf Querstäben formen s. S. 115

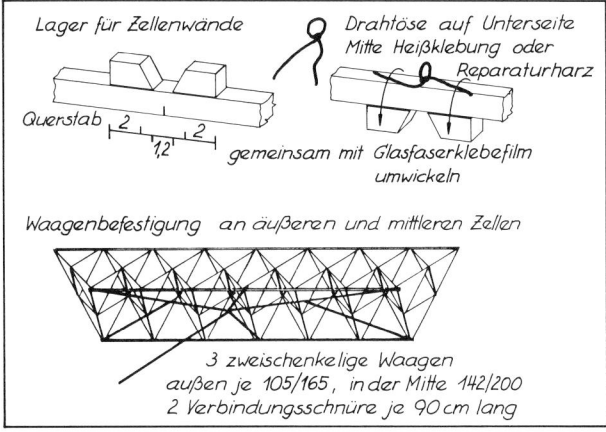

Lager für Zellenwände — Querstab — 2 — 1,2 — 2

Drahtöse auf Unterseite Mitte Heißklebung oder Reparaturharz — gemeinsam mit Glasfaserklebefilm umwickeln

Waagenbefestigung an äußeren und mittleren Zellen

3 zwischenkelige Waagen außen je 105/165, in der Mitte 142/200 2 Verbindungsschnüre je 90 cm lang

75

Multibell

Sie brauchen:
1,7 lfm Spinnakernylon.
3 Rundstäbe, ⌀ 8 mm,
101 cm lang. 6 Bambus-
splittstäbe, ⌀ 4 mm,
31 cm lang. 1 Bambus-
rohr, ⌀ 4 cm, 55 cm lang
(Spreizstäbe). 25 cm
PVC-Schlauch, ⌀ innen
6 mm. Schnur, Nähzeug,
Nähmaschine. Zwei-
schenkelige Waage 58/97.

Die Taschen für
die Längsstäbe an den
Kanten laufen innen.
Dagegen sind die
Taschen für die kurzen
Längsstäbe nach außen
abgenäht. Insgesamt
entstehen durch die
inneren (iZ) und äußeren
(äZ) Zellenwände 8
Dreieckszellen, die für
die überragende
Flugstabilität des
Modells entscheidend
sind.

Wenn Sie den Zuschnitt
mehrfarbig auslegen
wollen, müssen Sie sorg-
fältig planen. Nur für den
ganz einfarbigen Dra-
chen kommen Sie mit
der angegebenen
Nylonmenge aus. Da
kein Saum vorgesehen
ist, müssen Sie die
Ränder mit einem Löt-
kolben gut verschmelzen.

Der Multibell ist ein Ergebnis der Arbeiten Bells mit Dreieckszellendrachen. Ähnlich wie aus den Elementen von Seite 18 baute Bell aus drei zweizelligen Dreieckszellendrachen einen „Verbunddrachen" auf, der aber insgesamt neun durchlaufende Längsstäbe besaß. Daraus entstand durch Reduktion auf das Nötigste das vorliegende Modell. Es ist mechanisch und flugtechnisch ein Muster an Stabilität und Haltbarkeit. Selbst bei böigem Wind mit 7 Bft hatte ich mit ihm keine Probleme. Andererseits ist er bei schwachem Wind kaum in die Luft zu bringen. Den Multibell lasse ich bevorzugt dann steigen, wenn ich meine fragileren Drachen nicht aufs Spiel setzen möchte.

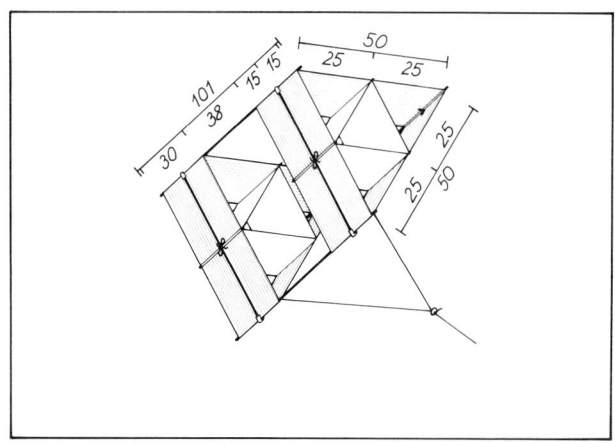

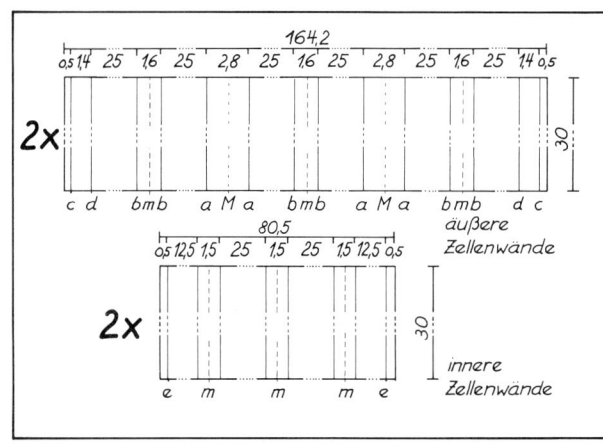

Nähen:

1. Zwei der großen Stabtaschen werden sofort abgenäht.
2. Innere Zellenwände einnähen und Taschen für die kleinen Längsstäbe schaffen.
3. Innere Zellenwände schließen.
4. Zellenwände in c zusammennähen. Zelle A wenden. Durch Naht entlang d entsteht die dritte große Stabtasche.

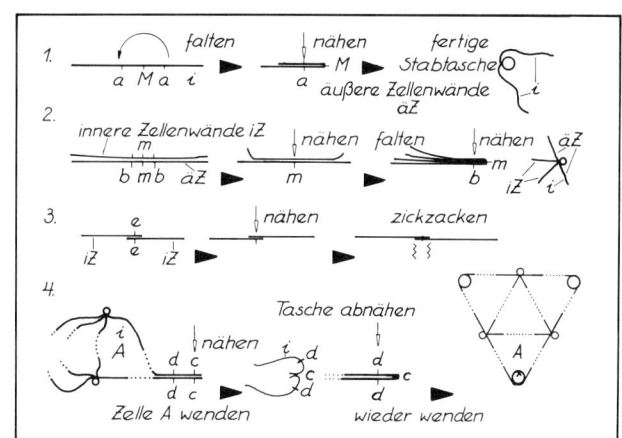

Die Spreizstäbe werden mit ihren Enden in Halterungen aus PVC-Schlauch gesteckt, die auf den Kantenstäben jeweils in der Mitte der Zellen sitzen. Die Stäbe sollen sich noch etwas nach außen wölben. In der Mitte werden sie jeweils an den kleinen Längsstäben angebunden, wodurch der ganze Multibell noch besser gespannt wird.

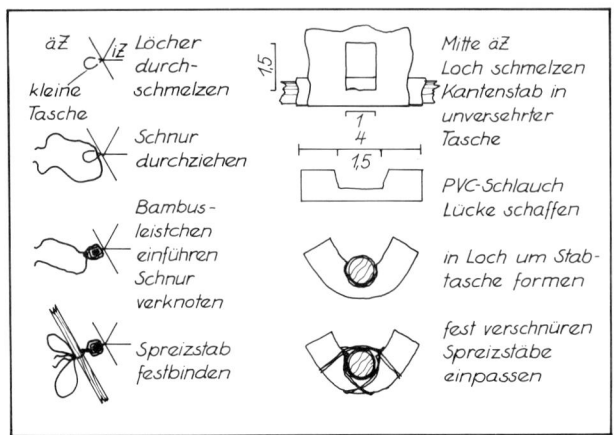

Aus den beschriebenen Tetraederbausteinen kann man natürlich sehr viel mehr Kombinationen erhalten. Wenn Sie sich eine neue Kombination ausgedacht und zusammengebaut haben, sollten Sie Ihren ersten Start nie bei sehr unruhigem Wind wagen. Nehmen Sie lieber in Kauf, den Drachen beim ersten Test nur etwas hochziehen zu können, als eine Bruchlandung zu riskieren. Am besten binden Sie die Waage zunächst so an, daß sie fast nur an der Vorderkante des Flugapparats zieht, und tasten sich langsam an den richtigen Zugpunkt heran. Bei manchem Modell geht das sehr schnell, wenn man es im gleichmäßigen Wind nur hochhält und den Drachen selbst seine richtige Stellung finden läßt.

Trotz der großen Zahl moderner Drachen, die in den letzten Jahren weltweit Verbreitung fanden, haben die in diesem Kapitel beschriebenen historischen Modelle wie auch die Eddy- und Conyne-Drachen kaum an Bedeutung verloren. Ihr Nachbau erfolgt zunehmend mit modernen Materialien, aber jeder Drachenbauer ist bestrebt, die klassischen Formen nicht zu verfälschen.

Neuere Drachenmodelle

Zu den Drachen dieser Kategorie zähle ich alle Neuschöpfungen seit dem Zweiten Weltkrieg, zu denen in erster Linie die Schlittendrachen, die Deltadrachen, die Parafoils und Flexifoils, aber auch eine Fülle von Varianten und Verbesserungen älterer Baumuster gehören. Bewußt habe ich auf die Darstellung zu verspielter Typen verzichtet und nur Drachen für Sie vorgebaut und beschrieben, die in ihrer strengen Form überschaubar sind und deren Nachbau für möglichst viele Drachenliebhaber lohnend erscheinen kann.

Die Grundform des Rhomboidkastendrachens ist nicht neu; sie wurde in den letzten Jahren wiederentdeckt. Die Bespannung aus Spinnakernylon und das sehr leichte und dennoch haltbare Gerüst mit den einfachen Steckverbindungen, die einen schnellen Aufbau ermöglichen, stempeln den Rhomboidkastendrachen zu einer modernen Konstruktion. Vielleicht erscheint Ihnen die Ausführung mit den durchlaufenden Taschen für die Kantenstäbe sogar zu aufwendig. Aber gerade diese Verarbeitung garantiert die gleichmäßige Spannung der Zellenwände und ist daher wesentlich verantwortlich für die guten Flugeigenschaften und die ausgezeichnete Belastbarkeit, die in harten Tests erprobt wurde.

Wenn Sie wie ich die großen Zellenwände mit Applikationen schmücken wollen, müssen Sie in Rechnung stellen, daß Sie dafür ebenso lange brauchen wie für die ganze übrige Näharbeit.

Großer Rhomboidkasten

Sie brauchen:
3,6 lfm Spinnakernylon.
Raminrundstäbe,
⌀ 10 mm: 4 Stück,
je 154 cm lang. ⌀ 8 mm:
je 8 Stück mit 74 cm und
36 cm Länge. 56 cm Aluminiumrohr, ⌀ innen
8 mm. Reste Al-Blech,
Reparaturharz.
56 cm PVC-Schlauch,
⌀ innen 8 mm. Glasfaserverstärktes Klebeband, kräftige dünne
Schnur. Nähutensilien
und Nähmaschine.
Zweischenkelige Waage
102/166.

Die Konstruktion wird durch die vier diagonalen Spreizenpaare gespannt. Um dem Drachen einen anderen Querschnitt zu geben, können Sie sich Spreizenpaare mit anderen Längen schaffen. Wenn zum Beispiel alle Stäbe 58,1 cm lang sind, erhalten Sie einen Drachen mit quadratischem Querschnitt, der für harten Wind besser geeignet ist.

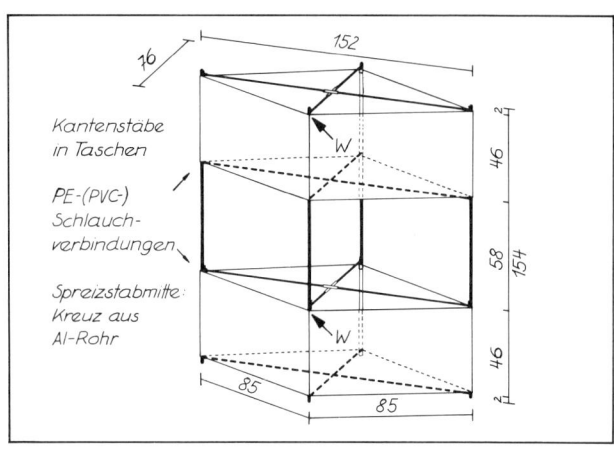

Die Maße übertragen Sie auf die Spinnakerbahn. Die Säume werden so bemessen, daß die Stoffbahn nur in der Mitte durchgetrennt werden muß. Säumen!
Nähen Sie zuerst die drei Stabtaschen, die direkt abgenäht werden können, und schließen Sie erst dann die Manschette an der vierten Tasche.

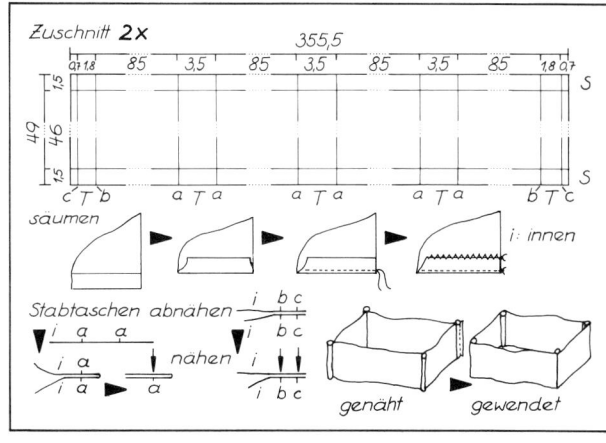

Die Halterungen für die Spreizstäbe entstehen aus 3,5 cm langen PVC-Schlauchstücken.
An den Kantenstabenden Schlauch bündig anbringen, zur Mitte hin spannen und erst dann mit Klebeband oder Schnurwicklungen auf dem Stab fixieren. Wie die Kreuzverbindung für die Spreizen zusammengefügt wird, ist auf Seite 116 beschrieben.

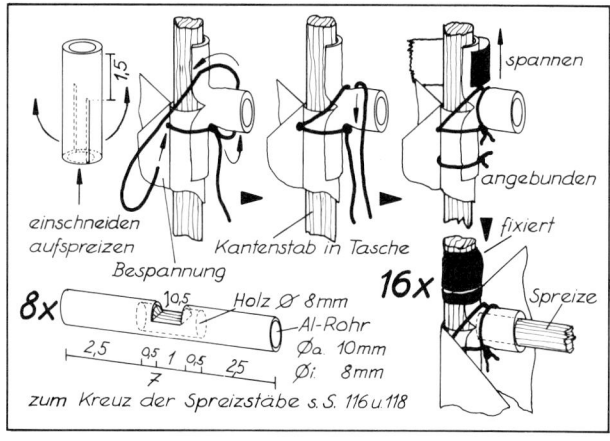

Großer Rhomboidkasten, mit Spinnakernylon bespannt und mit Applikationen geschmückt. Diese Form steigt sehr viel leichter auf als die mit quadratischem Querschnitt.

Kasten mit Flügeln und Kielen

Sie brauchen:
Spinnakernylon:
2 Bahnen, je 25 cm breit, 112 cm lang. Eine Bahn ca. 80 cm breit, 180 cm lang. 4 Raminrundstäbe, ∅ 7 mm, 85 cm lang, 2 Rundstäbe, ∅ 8 mm, 112 cm lang. 120 cm Leinenband, 12 mm. 6 cm PVC-Schlauch, ∅ innen 8 mm. Nähutensilien, Nähmaschine. Zweischenkelige Waage 110/145 oder Ösen für die Leinenbefestigung direkt am Kiel.

Die Kantenstäbe laufen ganz in Taschen, die aus den Zellen- und Flügelzuschnitten herausgearbeitet sind. Statt der unten gezeigten Spannvorrichtung kann man auch Stabendtaschen an den Flügelspitzen anbringen.

Übertragen Sie die Umrisse und Hilfslinien auf das Nylon. Die Ränder schneiden Sie so sauber mit dem Lötkolben, daß das Säumen ganz entfallen kann. Bevor Sie an das Zusammennähen gehen, bringen Sie an allen Flügel- und Kielspitzen die Leinenbandschlaufen zum Spannen des ganzen Drachens an.

Die beiden Zellen dieses Kastendrachens sind würfelförmig. Er hat vier gleich große Flügel in Gestalt gleichschenkeliger Dreiecke oder, wenn er, wie üblich, auf einer Kante fliegt, zwei Flügel und zwei Kiele, die mit einem Spreizenpaar gespannt werden und damit den Drachen in Form bringen. Das ist aber nur möglich, wenn man sehr festes und kaum dehnbares Spinnakernylon für die Bespannung verwendet. Gerade bei einem Kasten mit so kleinen Zellenwänden ist es von Vorteil, wenn man mit gut verschmolzenen Nylonrändern (Lötkolben) statt mit stark auftragenden Säumen arbeiten kann. Die Konstruktion mit nur einem Spreizenpaar sollten Sie nicht auf wesentlich größere Modelle übertragen.

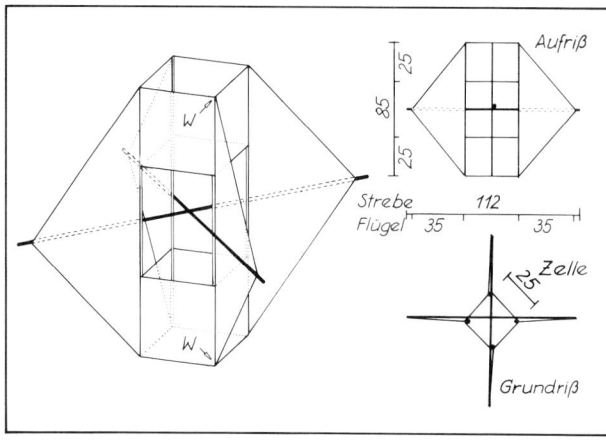

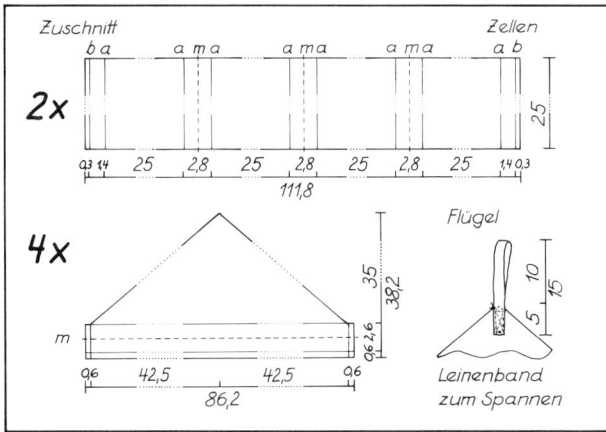

82

Die Zellenwände werden, Innenseite nach unten, ausgelegt und mit einem Flügel unter gleichzeitigem Abnähen der Taschen verbunden. Auf diese Weise fügen Sie drei Flügel ein, bevor Sie die Zellen (Innenseite nach außen) schließen und den vierten Flügel einnähen. Erst dann wenden Sie die Flügel nach außen.

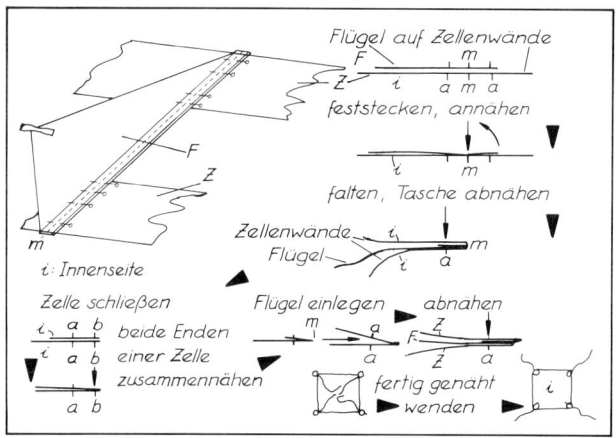

Nähen Sie je ein Ende der Taschen zu, passen Sie die Kantenstäbe ein, und schließen Sie die Taschen mit einer Handnaht. Die Schnurschlaufe schaffen Sie mit Nadel und dünner Drachenschnur. Wenn Sie die Leine direkt am Kiel anbinden wollen, nähen Sie die Verstärkung auf, bevor Sie die Kantenstäbe einführen.

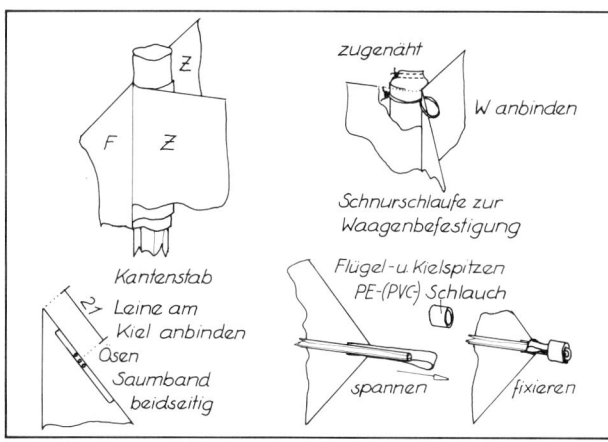

Die Waage dieses Drachens muß so lang sein, da sie sonst mit dem nach vorne stehenden Flügel (Kiel) in Kollision gerät. Wenn Sie dem ganz aus dem Wege gehen wollen, verwenden Sie einfach den Kiel als Waage, und binden Sie die Leine direkt an ihm an, wie es in der vorstehenden Zeichnung gezeigt wird. Auch hier kann man durch Änderung der Länge der Spreizstäbe dem Kasten einen anderen Querschnitt geben.

Dieser Drachen ist sehr gut für Windstärken von 2 bis beginnend 5 Bft geeignet. Bei sehr starkem und vor allem böigem Wind können die Zellen stark deformiert werden, so daß er bei solchen Bedingungen besser nicht geflogen wird.

Leichtwinddrachen unter sich. Wenn sie erst einmal die ruhige Bodenzone überwunden haben, sind die geflügelten Kastendrachen den Schlittendrachen kaum unterlegen.

Der Delta-Conyne nach eigenem Entwurf wurde sehr schnell mein Lieblingsdrachen, den ich bei allen vertretbaren Windgeschwindigkeiten fliegen konnte.

Wolkenstürmer

Sie brauchen:
1 lfm Tyvek, 140 cm breit.
Fichtenleisten 5 x 5 mm:
4 Stück, 80 cm, und 4
Stück, ca. 88,5 cm lang.
8 Streifen aus dichtem
Stoff (Inlett), je 2,5 x 14 cm.
Gewebe- und Alleskleber,
Holzleim. Nähzeug und
Nähmaschine. Geflochtene Perlonschnur,
Ø 1,5 mm, Zugring.

Umfassend zu beschreiben ist dieser Drachen
als zweizelliger Rechteckkastendrachen mit
vier trapezförmigen Flügeln. Er hat Elemente
ganz verschiedener Herkunft: Die Zellenform
erinnert an Hargrave, der
gesamte Aufbau mit den
beiden Spreizenpaaren
an Cody. Angeregt
wurde ich zu dieser
Konstruktion durch den
„Cloud Seeker", den
der Drachenenthusiast
Melvin Govig (USA) für
einen amerikanischen
Drachenhersteller entworfen hat. Entscheidend
für eine glatte und regelmäßige Spannung der
Oberfläche sind exakt
abgenähte Kantentaschen. Die Kreuzung der
Spreizstäbe wird in der
Mitte zusammengehalten,
wodurch es möglich
wird, ihren Querschnitt
so klein zu bemessen.

Ein Blick auf die erste Zeichnung macht deutlich, daß der Wolkenstürmer eine sehr große, wirksame Oberfläche hat. Der fertig aufgebaute Drachen bringt gerade 180 g auf die Waage. Das günstige Verhältnis von Fläche zu Masse macht ihn zum ausgesprochenen Leichtwinddrachen, der sich schon bei einem Windhauch durch die Methode des Steigen- und Driftenlassens über die ruhige Bodenzone hinausbringen läßt. Einstellprobleme gibt es nicht. Wählen Sie die Waage nur genügend lang, und binden Sie den Zugring ganz genau in der Mitte mit einem Buchtknoten an, der eine schnelle Korrektur erlaubt. Schon beim ersten Start werden Sie merken, daß der Wolkenstürmer seinen Namen zu Recht trägt.

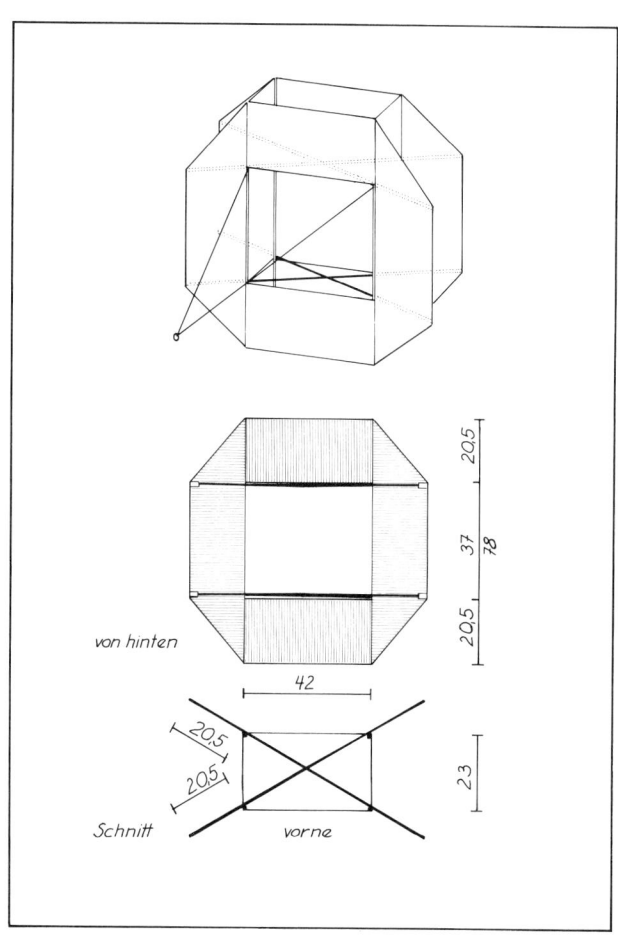

von hinten

20,5

37
78

20,5

42

Schnitt

20,5

20,5

23

vorne

Übertragen Sie die Maße der Zuschnitte auf das Tyvek. Für die Flügel verwenden Sie am besten eine Schablone. Bei den Zellenwänden sollten die Hilfslinien auf beiden Seiten des Tyveks an den Flügeln auf der späteren Vorderseite sichtbar sein. Säumen Sie die Flügel und Zellenwände.

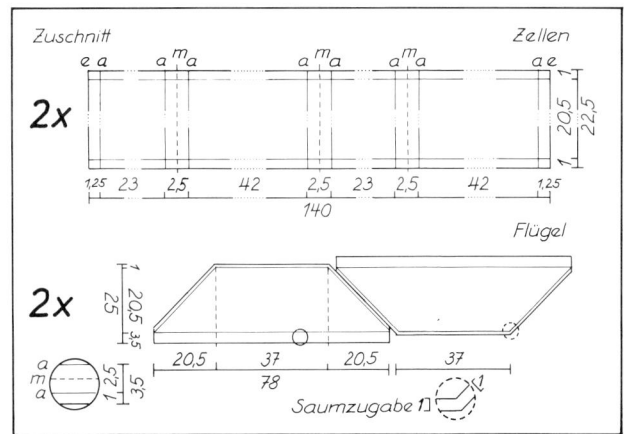

Formen Sie die Taschen über den Spreizstabenden zunächst mit Hilfe des Gewebeklebers. Seitliche Begrenzungen abnähen, dann erst auf die Flügelspitzen aufnähen. Die vier Spreizen erhalten in der Mitte je zwei Leistenstückchen aufgeleimt. Ineinandergepaßt wird das Stabkreuz durch ein kleines, etwas dehnbares Schnürchen gesichert.

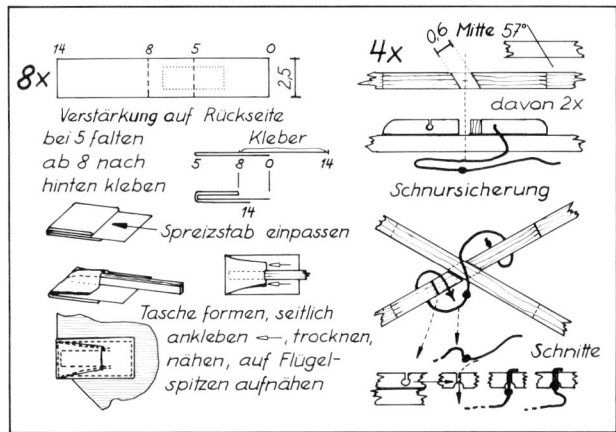

Ein Flügel wird fertig mit beiden Zellen verbunden, bevor die Arbeit an der nächsten Ecke beginnt.
Beim Schließen der Zellen kleben Sie an der Linie m des vierten Flügels die Enden e der Zellenmanschetten stoßend aneinander. Dann falten und nähen.

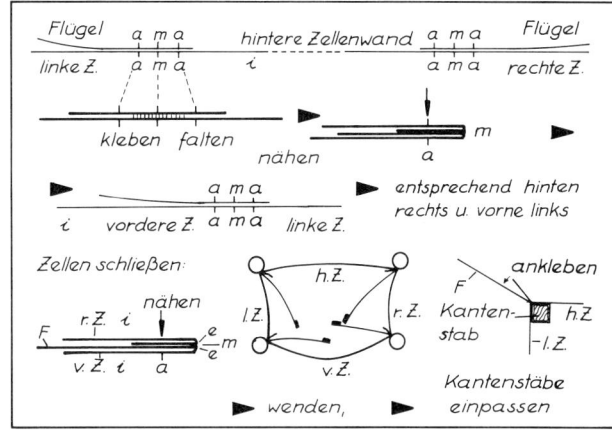

Der fertig ausgebaute dreizellige Kastendrachen mit zwei Flügelpaaren ist ein mächtiger Drachen, den man mühelos allein starten kann.

Großer geflügelter Kasten

Sie brauchen:
Baumwollstoff, 90 cm breit, je 1,8 lfm für die Zellen und die Flügel. Raminrundstäbe $\emptyset$ 10 mm: (4 x) 128 cm, (5 x) ca. 56 cm, (2 x) ca. 92 cm lang. Nägel, $\emptyset$ 2,5 mm, 5 cm Al-Rohr, $\emptyset$ innen 10 mm, 7 cm PVC-Schlauch, $\emptyset$ innen 10 mm, ca. 10 m geflochtene Perlonschnur, $\emptyset$ 1,5 mm. Glasfaserklebefilm, Gewebekleber, dünne Schnurreste, Reparaturharz. Dosenklemmen als Einstellhilfen, steifen Draht, Nähzeug, Nähmaschine. Die zweischenkelige Waage, 31/59, aus geflochtener Perlonschnur, $\emptyset$ 2 mm, wird direkt ober- und unterhalb der oberen Zelle angebunden.

Entstanden ist dieser große Kastendrachen in einer Zeit, in der ich mich sehr intensiv um Kasten- und Flügelspreizen mühte. Da man hier verschiedenartige Spreizen einsetzen mußte, war er der ideale Testdrachen. Die Verarbeitung der Bespannung ist sehr aufwendig. Die Kantenstäbe laufen wie schon bei den vorausgegangenen Modellen im Bereich der Zellen und Flügel in Taschen. Darüber hinaus werden aber auch die Querstäbe in den Flügeln auf der Drachenrückseite in Taschen geführt, und alle Flügelkanten können durch Spannschnüre genau getrimmt werden. Dadurch wird, obwohl das Gerüst leicht ausgelegt ist, eine gute mechanische Belastbarkeit erreicht.

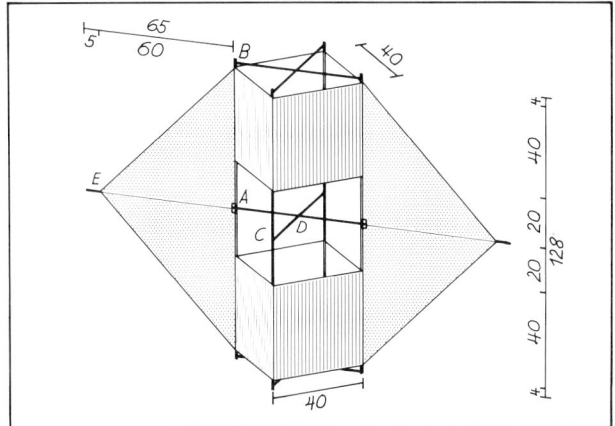

Die Buchstaben in der Zeichnung oben bezeichnen die Gerüstverbindungen, die auf Seite 90 im Detail dargestellt sind.

Die Wände für eine Zelle werden jeweils aus zwei Teilen zusammengesetzt. Säumen Sie zuerst alle Ränder, dann nähen Sie in jedem der Zellenteile in der Mitte eine Stabtasche ab.

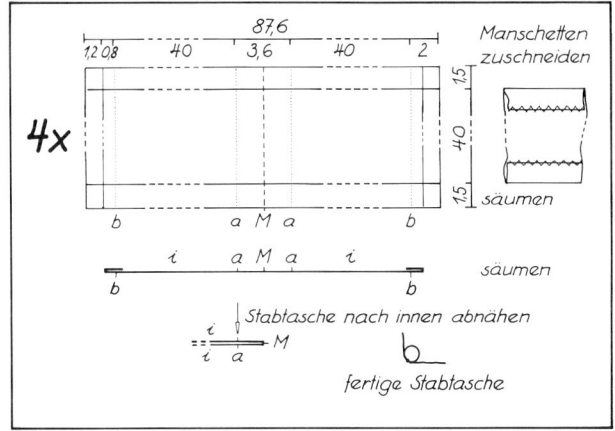

Nach dem Zuschnitt nähen Sie zuerst die Schnurtaschen an den Flügelkanten: Zugaben oben in Pfeilrichtung umkleben. Entlang „20" und nochmals entlang „8" falten und bei „16/0" Tasche abnähen. Schaffen Sie die Aussparung für die Führung A (Ränder verstärken!), bringen Sie die Spannschnüre an, falten Sie die Flügel in der Mitte (c auf c) und nähen Sie entlang c/c die Taschen für die Querstäbe.

Heften Sie die Längsstabtaschen in den Flügeln ab, und nähen Sie die Flügel zwischen die Zellenteile. Mit einer Zickzacknaht befestigt man die Überstände der Zellenwände ebenfalls an den Flügeln.

Zwei Drahtführungen A werden auf den eingepaßten Kantenstäben mit verleimten Schnurwicklungen befestigt.

Nägel an den Enden fixieren die Spreizstäbe auf den Kantenstäben oben und unten in l. Der kurze Spreizstab in der Drachenmitte ist durch Schlauchverbindungen mit den Kantenstäben und durch eine einfache Al-Rohr-Kreuzverbindung in seiner Mitte mit den beiden großen Querstäben verbunden.

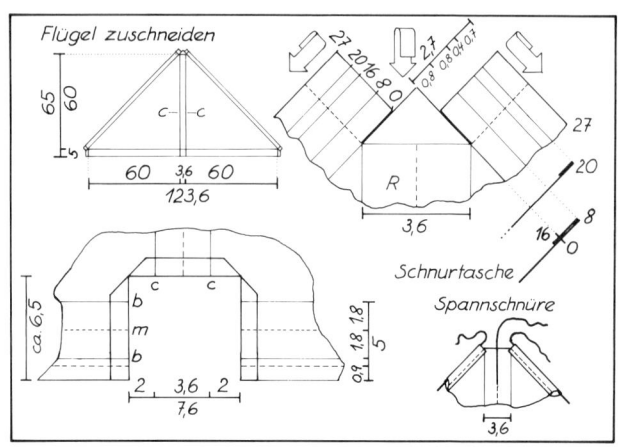

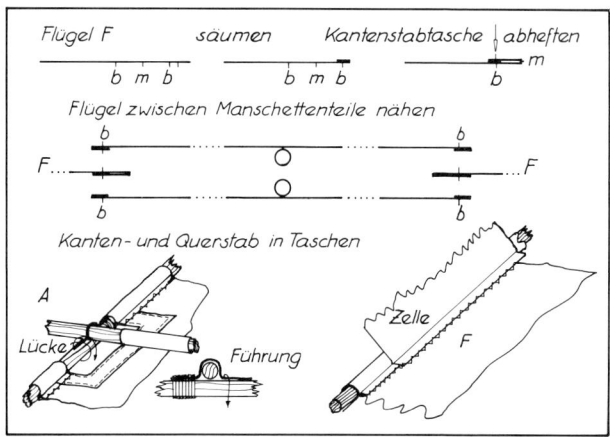

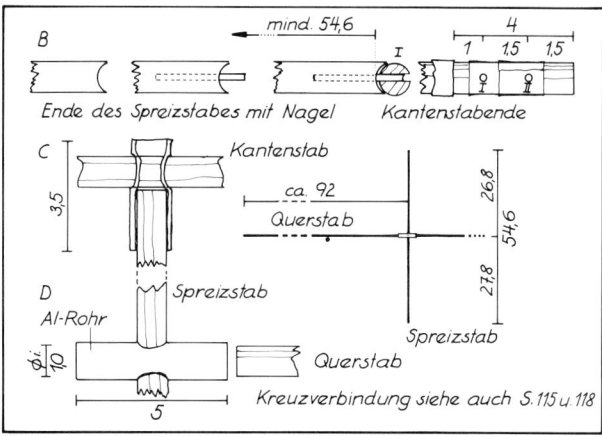

Die Flügelspitzen werden mit Hilfe kurzer Schnüre an den Querstabenden gespannt (Einstellhilfe später durch Knoten ersetzen!). Die Schnüre in den Flügelkanten sind in II (s.o.) an den Kantenstäben befestigt und werden ebenfalls an den Kerben der Querstabenden gespannt.

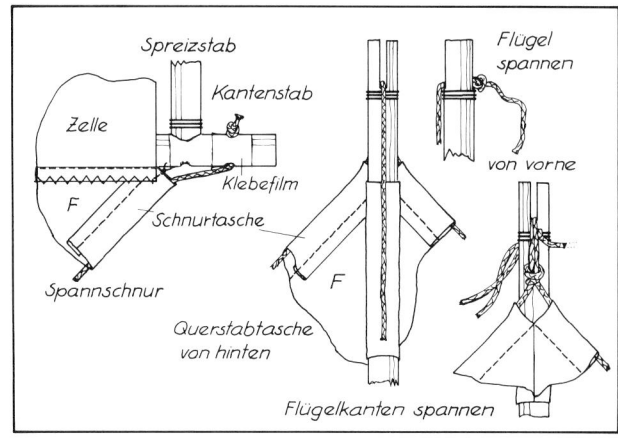

Ausbau zum Dreizeller mit zwei Flügelpaaren

Sie brauchen für das Ergänzungselement:
Stäbe wie oben:
(4 x) 84 cm für die Kanten,
(3 x) Spreizstäbe und
(2 x) 74 cm lang als Querstäbe.
Vom Stoff für die Bespannung: 0,5 lfm für die Zelle und 1,2 lfm für die Flügel.
20 cm Al-Rohr, ⌀ innen 10 mm, Al-Blech, 1 mm stark für die 4 Hülsen. Steifen Draht. Sonstiger Bedarf wie beim Grundmodell.

Das Ergänzungselement wird unten an das Grundmodell angesteckt. Die Steckverbindung wird aus Al-Rohr und Al-Blech geschaffen (s. S. 115) und durch die Nägel der Spreizstäbe fixiert.

Mit diesen mächtigen Flügeln ist der große Kasten ein tüchtiger Flieger. Allerdings beobachtet man, vor allem im bodennahen Bereich, einen gewissen Mangel an Längsstabilität, der sich aus dem Verhältnis Länge zu Breite erklären läßt.

Die dritte Zelle mit einem weiteren kleineren Flügelpaar, die ich zum Ausbau dieses Modells vorschlage, hebt nicht nur das Erscheinungsbild und das Zugvermögen des Drachens ganz entscheidend, sondern gibt ihm auch einen großen Gewinn an Flugstabilität. Das Ergänzungselement wird durch eine einfache Steckverbindung angefügt. Die Steckhülsen müssen Sie selbst genau passend anfertigen.

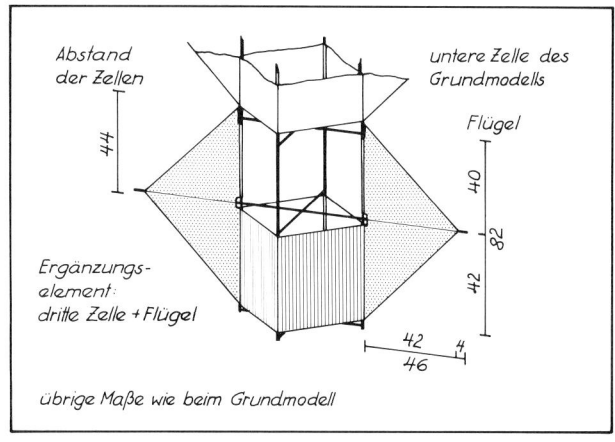

Die Zugaben an den Kastenmanschetten und den Flügeln unterteilen Sie wie beim Grundmodell. Die Lücke für die Führung des Querstabs wird hier nach dem Abnähen der Tasche im Flügel gezeigt. Die Aussparung für die Steckverbindung muß sehr gut verstärkt werden, bevor die Taschen für die Kantenstäbe abgenäht werden.

Der Kantenstab des Ergänzungselements bekommt eine Verstärkung durch ein Stück Al-Rohr. Die aus Al-Blech geformte Hülse schieben Sie auf den oberen Kantenstab auf, nachdem dieser auf das Maß des Al-Rohrs aufgefüttert wurde. Ein Draht sichert zusätzlich die Hülse auf dem Stab. Der Nagel der Spreize fixiert die Steckverbindung. Die Öse, zu der der Draht auf einer Seite geformt ist, nimmt das Ende der Spannschnur vom oberen Flügel auf. Mit einem Drahthaken wird in ihr auch die Spannschnur der unteren Flügel verankert.

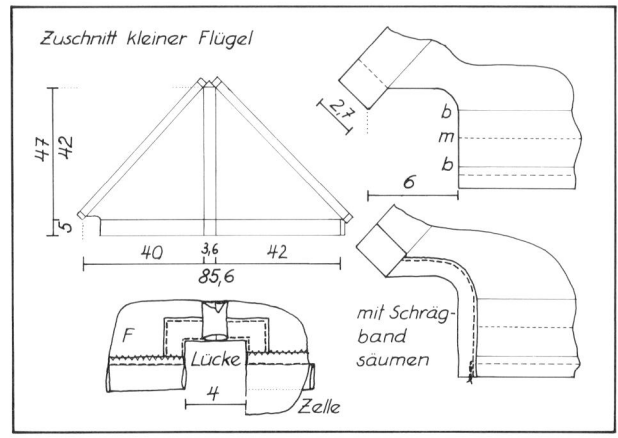

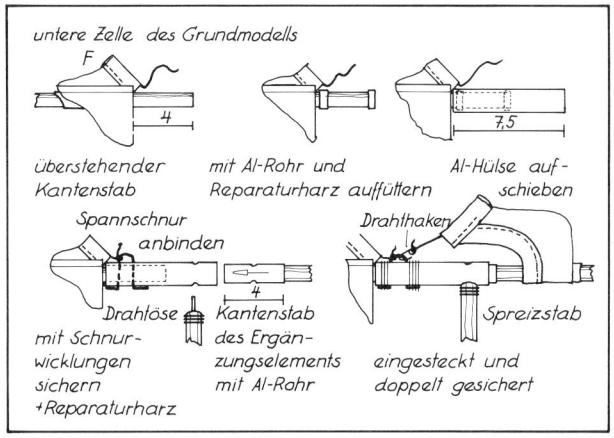

Die zweischenkelige Waage (83/174) des Ausbaumodells wird oberhalb der ersten und oberhalb der dritten Zelle befestigt. Insgesamt ist der dreizellige Doppelflügler 212 cm hoch. Es besteht die Gefahr, daß so ein großes Gebilde in seiner Längsrichtung verdreht (Torsion), vor allem, wenn in unruhiger Luft die Flügel wechselnd belastet werden. Dem kann man dadurch begegnen, daß man die Konstruktion vom unteren Rand der ersten Zelle zum oberen Rand der dritten Zelle diagonal mit zwei, besser mit vier Schnüren (geflochtene Perlonschnur mit Schnurspannern) verspannt. Angebunden werden diese Schnüre an Drahtösen, die man mit kleinen Schnurwicklungen an den Kantenstäben anbringt.

Delta-Conyne

Sie brauchen:
Spinnakernylon in drei verschiedenen Farben, ca. 92 bis 98 cm breit: A + B + 1. Zelle ca. 2 m, C ca. 1,1 m, D + 2. Zelle 1,2 m. Raminrundstäbe, ⌀ 10 mm: (2 x) 118 cm, (3 x) 125,8 cm. 2 Buchenrundstäbe, ⌀ 6 mm, 72 cm lang. 1 Spreizstab aus Bambus, ⌀ 12 mm, 140 cm lang, ausbalanciert. Saumband, 2 Ösen, Nähzeug, Nähmaschine. Zweischenkelige Waage, 94/118 (starker Wind).

Alle Taschen für die Längs- und Kantenstäbe werden direkt aus dem Stoff abgenäht. Nur die dünnen Versteifungen für die unteren Spitzen bekommen einen Nylonstreifen aufgesetzt. Die Kantenstabtaschen sind oben 15 cm leer. Die Längsstäbe enden nach der unteren Zelle.
Zuschneiden: A ist um die zweite Hälfte zu ergänzen. Von den Segelflächen B, C und D müssen Sie auch je ein Spiegelbild, von Z zwei Flächen zuschneiden. Die verschmolzenen Kanten (ohne Saum) haben in vielen Flugstunden keine Schwächen gezeigt. Wer offenen Kanten mißtraut, sollte einen Saum einrechnen oder mit Schrägband einfassen.

Eine Kombination des eleganten Deltaflugs mit der Stabilität der Kastendrachen hat schon viele Drachenfreunde gereizt und zu einigen Konstruktionen geführt, denen die um die Spitze reduzierte Deltafläche und zwei oder auch vier Dreieckszellen gemeinsam sind. Mit meinem Entwurf bereichere ich den Drachenhimmel um eine weitere Variante, deren Besonderheit die schwalbenschwanzartige Verlängerung der Deltafläche ist. Vom ersten Start an habe ich mit diesem Modell nur Freude gehabt. Für den Bau lohnt es sich, Spinnakernylon bester, mittelschwerer Qualität zu wählen und sorgfältig zu verarbeiten. Der Nachbau ist keineswegs so schwierig, wie er auf den ersten Blick erscheinen mag.

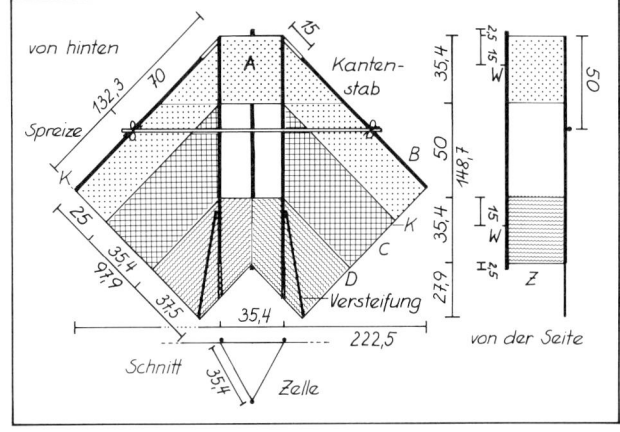

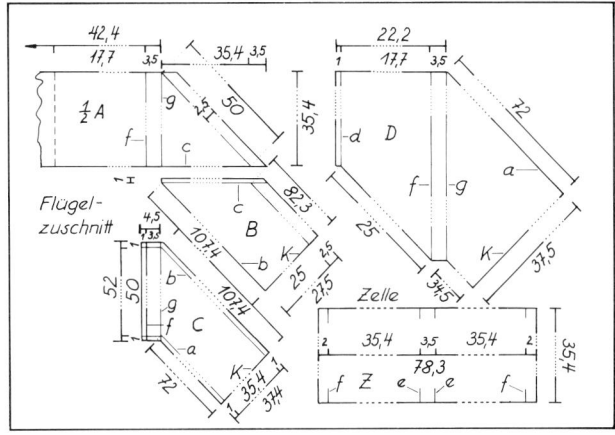

93

Nähen: Richten Sie sich bei der Näharbeit nach der Zeichnung für den Zuschnitt und den hier nebenstehenden Anleitungen. Wenn Sie das Segel vollständig zusammengesetzt haben, arbeiten Sie nach den folgenden Zeichnungen und dem begleitenden Text weiter.

1. Falls Sie Säume vorgesehen haben, sollten Sie diese zuerst fertig nähen.

Die einzelnen Stoffstücke müssen sehr zuverlässig miteinander vernäht sein. Schaffen Sie jeweils eine dreifache Naht, wie sie unten gezeichnet ist.

2. Nähen Sie für die beiden Seiten je die Teile C und D zusammen (a auf a).

3. Entsprechend fügen Sie die Teile an B an (b auf b).

4. Verbinden Sie die beiden Seitenteile mit dem Kopfstück A (c auf c), und nähen Sie die beiden D-Teile in der Mitte zusammen (d auf d).

5. Entlang der unteren Kante K setzen Sie ein Nahtband auf. Die hintere Segelfläche ist nun zusammengenäht.

6. Taschen für die Versteifungsstäbe aufnähen. Die Taschen entstehen aus 2,5 cm breiten und ca. 78 cm langen Streifen aus Spinnakernylon. Da die Stäbe im Flug stark arbeiten, verstärken Sie die Enden dieser Taschen mit Saumband.
7. Kantenstabtaschen entlang A und B abnähen.

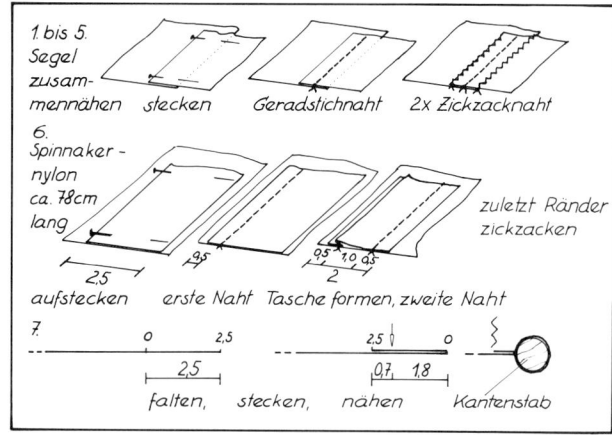

8. Falten Sie die Zellenwände Z in der Mitte (e auf e), und nähen Sie die Taschen für den Achsholm ab.
9. Segelfläche auf dem Rücken ausbreiten! Legen Sie die Teile Z auf (f auf f). Feststecken und mit Naht entlang m anheften. Längsstabtaschen falten (g auf f) und entlang g/f abnähen. Alle Drachenteile sind jetzt zusammengenäht.

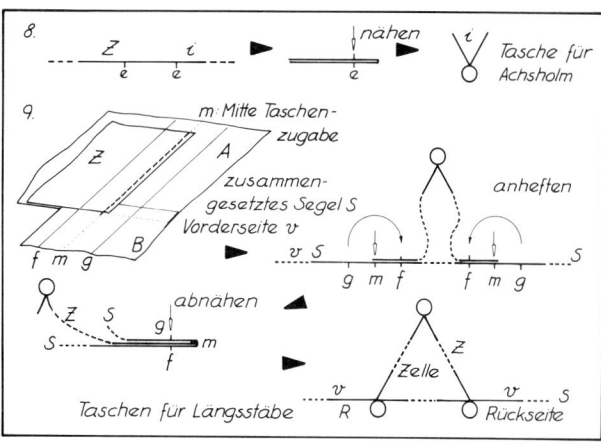

Verstärken Sie die Stelle, an der die Öse für die Spreizstabbefestigung angebracht werden soll, mit Spinnakernylon. Der Spreizstab bekommt Schnurösen, so daß er den Drachen unterschiedlich spannen kann. Er wird mit Leinenbändern, die durch die Ösen und über die Kantenstäbe gehen, festgebunden. Die Stäbe kommen erst in die Taschen, wenn die Ösen angebracht sind. Die Taschen schließen Sie dann mit Nadel und Faden von Hand. Wie der Achsholm befestigt wird, zeige ich auf Seite 122.

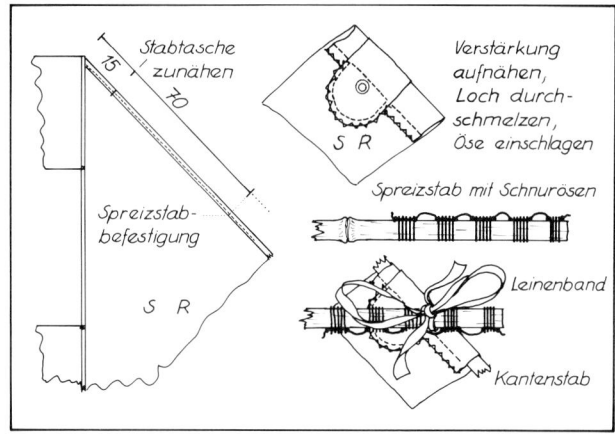

Den Delta-Conyne können Sie schon mit beginnender Windstärke 2 Bft aus der Hand starten. Bleibt der Wind weg, gleitet er sanft und elegant auf den Drachenpiloten zu. Wie die meisten Deltas, muß auch dieser die bodennahe Zone schnell überwinden. Wenn er knapp über der Erde plötzlich zu schwanken beginnt, ist er nur schwer wieder zu beruhigen und ein Absturz fast unvermeidlich, den er aber schadlos überstehen kann, wenn Sie plötzlich viel Leine geben und der Niedergang somit ohne Widerstand erfolgt. Bei 3 bis 5 Bft steht er ab ca. 15 m Höhe ganz ruhig. Selbst bei böigen Winden um 6 Bft konnte ich meinen Delta-Conyne stundenlang gefahrlos fliegen.

Parafoils

Parafoils sind flexible Drachen, ohne jedwede Versteifungen. Sie entwickeln enorme Zugkräfte.
Parafoils werden von manchen Drachenbauern aus einer speziellen Art Fallschirm (engl. parasuit) hergestellt.

Domina C. Jalbert (USA) beschäftigt sich mit allem, was mit Wind zu tun hat, und schuf in den letzten Jahrzehnten nicht nur verschiedene flugfähige Objekte, sondern auch Fallschirme und Segel. Sein erstmals 1963 entstandener Parafoil ist der Vater einer ganzen Familie stabloser Drachen geworden, denen gemeinsam ist, daß sie Zellen besitzen, die erst durch den Wind in Form gebracht werden. Der Parafoil hat im aufgeblähten Zustand das Profil eines Flugzeugtragflügels. Die Kiele dienen als Stabilisatoren und zur Befestigung der Waagenschnüre. Es gehören eine gute Portion Erfahrung und Fingerspitzengefühl dazu, um mit einer vielschenkeligen Waage den Parafoil zu trimmen.

Vierzelliger Parafoil

Sie brauchen:

2,7 lfm des 96 cm breiten Spinnakernylons (je nach Farbzusammenstellung aufteilen).

15 m geflochtene Perlonschnur, ⌀ 1 mm.

6 Dosenklemmen.

Nähzeug, Nähmaschine.

Eventuell einen Windsack.

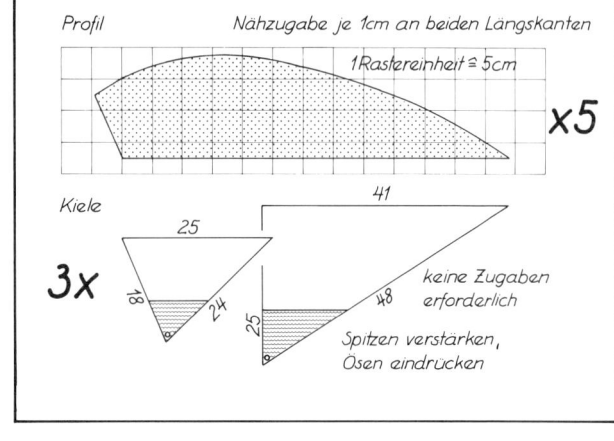

Profil — Nähzugabe je 1cm an beiden Längskanten

1 Rastereinheit ≙ 5cm

x5

Kiele — 41

3x — 25 — 18 — 24 — 25 — 48 — keine Zugabe erforderlich

Spitzen verstärken, Ösen eindrücken

Am besten machen Sie sich für das Profil eine Schablone aus Hartpappe, die schon die Nähzugaben enthält. Schneiden Sie mit einem Lötkolben alle Teile mit gut verschmolzenen Kanten zu.

Die Spitzen der Kiele bekommen eine Verstärkung aufgenäht, bevor die Ösen für die Waagenbefestigung eingedrückt werden.

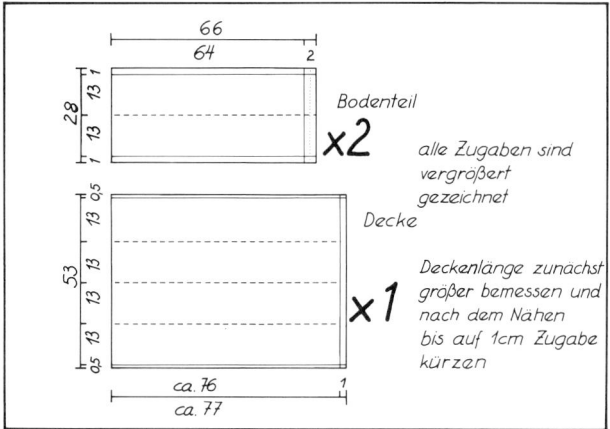

66
64 — 2

Bodenteil

x2

28 — 13 — 13

alle Zugaben sind vergrößert gezeichnet

Decke

53 — 0,5 — 13 — 13 — 13 — 13 — 0,5

x1

Deckenlänge zunächst größer bemessen und nach dem Nähen bis auf 1cm Zugabe kürzen

ca. 76 — 1
ca. 77

Nähen: Zuerst werden drei der Profile mit der Decke, die restlichen zwei mit je einem Bodenteil und dann ebenfalls mit der Decke durch Geradstich- und Zickzacknähte verbunden. Beim Einnähen der Kiele wird gleichzeitig der Boden geschlossen. Hinten näht man die Zugabe der Decke zwischen die umgeschlagene Zugabe des Bodens.

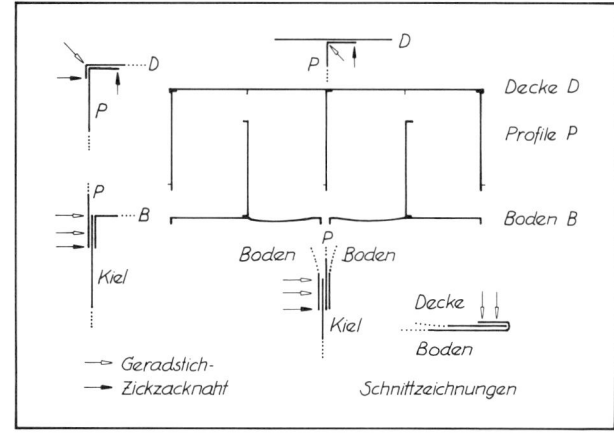

D — Decke D — Profile P — Boden B

P — B — Kiel — Boden — Boden — Kiel — Decke — Boden

→ Geradstich-
→ Zickzacknaht

Schnittzeichnungen

96

Parafoils sollten wirklich nur Drachenenthusiasten bauen, die genügend Geduld und das nötige Fingerspitzengefühl haben, die vielschenkeligen Waagen zu trimmen.

Zum Trimmen verwende ich eine Einstellhilfe aus sechs verschnürten Dosenklemmen. Kleine Blechstreifen (aus einer Cremetube geschnitten und mit Klebeband oben gehalten) im Loch dieser Klemmen verhindern, daß die Waagenschnüre beschädigt werden. Wenn Sie eine gute Trimmung gefunden haben, sollten Sie den Zugpunkt auf den Waagenschnüren markieren, damit Sie eine Orientierung haben, falls Sie in weiteren Experimenten die Einstellung optimieren wollen.

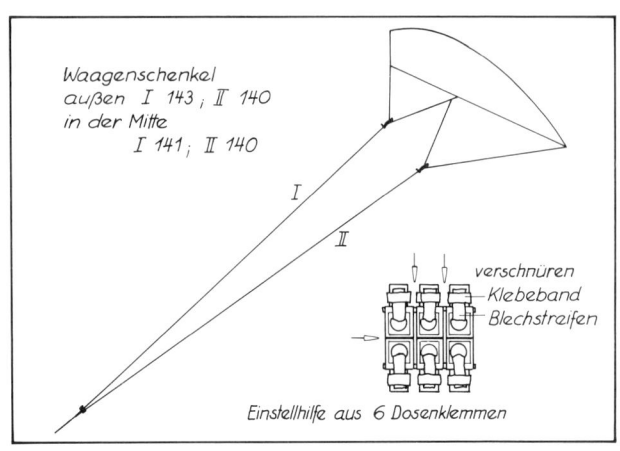

Waagenschenkel
außen I 143 ; II 140
in der Mitte
I 141 ; II 140

verschnüren
Klebeband
Blechstreifen

Einstellhilfe aus 6 Dosenklemmen

Gehen Sie mit Ihrem Parafoil pfleglich um. Stopfen Sie ihn nicht in einen engen Transportbehälter, denn eine eingepreßte Falte kann sein Flugverhalten wesentlich verändern. Ideale Verhältnisse zum Probefliegen und Trimmen finden Sie an einem Strand bei gleichmäßigem auflandigem Wind. So gelang es mir, meine Parafoils an kurzer Leine anzubinden und die Spannung jedes einzelnen Waagenschenkels ganz fein zu regulieren. Wenn Sie das nachvollziehen, werden Sie schnell merken, daß ein im Ruhezustand glatt gezogener Kiel nicht unbedingt der besten Trimmung im Flug entspricht. Es ist normal, wenn sich die äußeren, besonders die hinteren Kiele nach außen bauschen. Zeigt Ihr Parafoil zu geringe Richtungsstabilität, befestigen Sie in der Mitte der Hinterkante eine ca. 2 m lange Schnur, an der Sie einen Windsack (s. u.) anbringen.

Der sechszellige Parafoil hat nicht nur eine wesentlich größere Zugkraft, er kommt auch mit etwas geringerer Windgeschwindigkeit aus. Aufgrund der unvergleichlich guten Transportfähigkeit kann man Parafoils sehr groß bauen. Der größte Drachen der Welt, ein von einem holländischen Drachenteam aus 553 m² Spinnakernylon zusammengenähter Parafoil mit geschlossener Vorderkante, hat die stattliche Grundfläche von 16 x 36 m. Um ihn zu starten, sind etwa 70 Helfer nötig. Die Leine, ein dickes Seil, wird von einer schweren Zugmaschine, die am Boden verankert ist, gehalten.

Sechszelliger Parafoil

Sie brauchen:
6 lfm Spinnakernylon, 96 cm breit (genau nach Farbaufteilung berechnen). Nehmen Sie nur kräftige Farben!
30 m geflochtene Perlonschnur, ⌀ 1,5 mm.
12 Ösen, 12 Dosenklemmen. Zugring.
Eventuell Windsack.

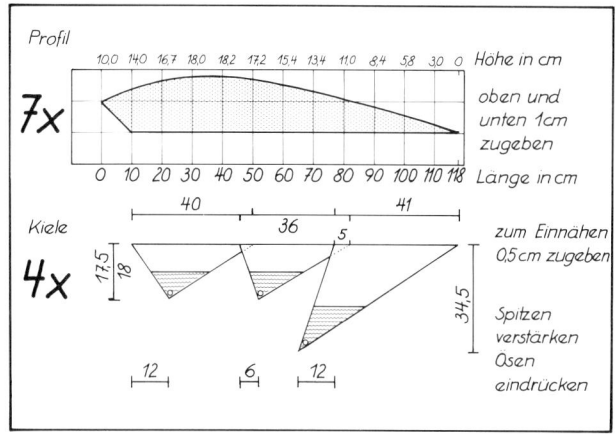

Der Sechszeller bekommt ein wesentlich schlankeres Profil als der Vierzeller. Um Ihnen die Übertragung zu erleichtern, habe ich die Höhen des Profils in Zahlen angegeben. Die Strategie des Zusammennähens folgt genau der des Vierzellers.
Der Wind- oder Schleppsack (unten) ist aus Tyvek zusammengeklebt.

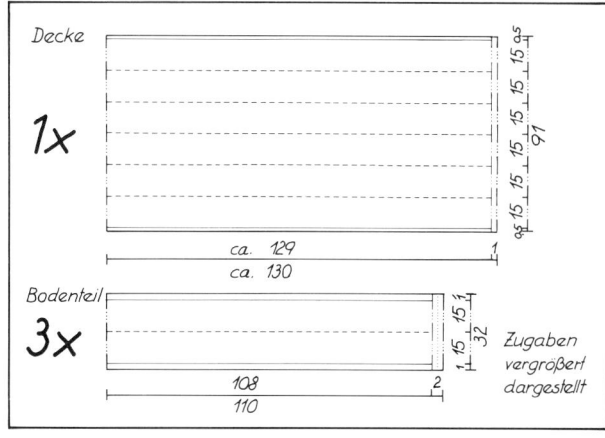

Die Trimmarbeit ist noch schwieriger als beim kleineren Modell. Übernehmen Sie zunächst meine Maße für die zwölfschenkelige Waage, und verfeinern Sie die Einstellung in der Natur. Erleichtern Sie sich die Arbeit mit den Einstellhilfen (2 Sechserblöcke, s. o.), indem Sie alle Schnüre mit einem Farbcode markieren.

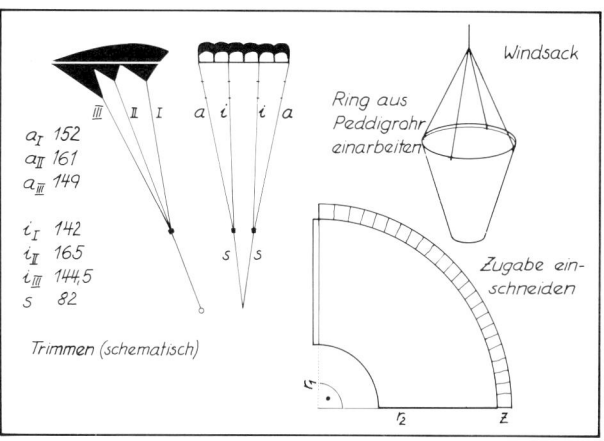

Experimentieren und Spielen

Wie Sie Ihre Drachen einstellen, starten, fliegen und landen, zu bunten Ketten, Gespannen und Kombinationen vereinen, eine Drachenfähre bauen und die Steighöhe berechnen können, habe ich neben vielen Bauanleitungen für Drachen aller Schwierigkeitsgrade in meinem Buch „Drachen bauen" kurz dargestellt. Ich möchte Sie hier nur zu einigen weiteren Experimenten und Spielereien anregen und bin sicher, daß Sie auf dieser Basis weitere Spielmöglichkeiten erfinden werden.

Umgang mit Drachen bedeutet Umgang mit Wind. Um Windgeschwindigkeiten und Zugkräfte auf der Leine in Relation zueinander betrachten zu können, brauchen Sie einen Wind- und einen Kraftmesser. Benutzen Sie die Zugkräfte, um Lasten zu heben. Das wohl berühmteste Man-Lifter-System geht auf Cody zurück. Schon Drachenketten aus kleinen Eddy- oder Gespensterdrachen entwickeln erstaunlich große Kräfte. Dr. Erhard Hössle aus Ebenhausen/Isar demonstriert mit seinen Freunden, wie man mit Hilfe eines Gespanns aus zwanzig großen Drachen eine Person direkt hochheben kann. Auch eine Schar zusammengewürfelter Drachen kann gemeinsam wirken. Lockt es Sie nicht, eines dieser Systeme wenigstens in kleinerem Maßstab nachzuvollziehen?

Ein Beispiel dafür, wie man zwei Lieblingsbeschäftigungen miteinander vereinen kann, bietet die Luftfotografie. Oder liegt Ihnen mehr an rasanter Bewegung? Dann lassen Sie sich für ein Lenkdrachengespann begeistern.

Luftaufnahme. Die sichtbare Hauptleine führt zum Cody. Den Zugdrachen, hier den Delta-Conyne, steuere ich von der linken Seite im Bild aus.

Windstärke messen

Solche mechanische Windmesser (Anemometer) werden seit vielen Jahren von Hobbymeteorologen, Seglern und Drachenfreunden benutzt. Er zeigt die Windstärke in Beaufort (Bft) an, darüber hinaus aber auch Windgeschwindigkeiten in km/h, m/s und Knoten. Neuere Windmesser arbeiten elektronisch.

Zugkräfte messen

Als Kraftmesser gibt es in Geschäften für Jäger- und Anglerbedarf preiswerte „Federwaagen". Zum Messen befestigt man einen Metallring mit einem Buchtknoten in der Drachenleine und hakt den Kraftmesser in diesen Ring ein. Beste Ergebnisse bekommt man, wenn man den Kraftmesser an einen Anker anbindet.

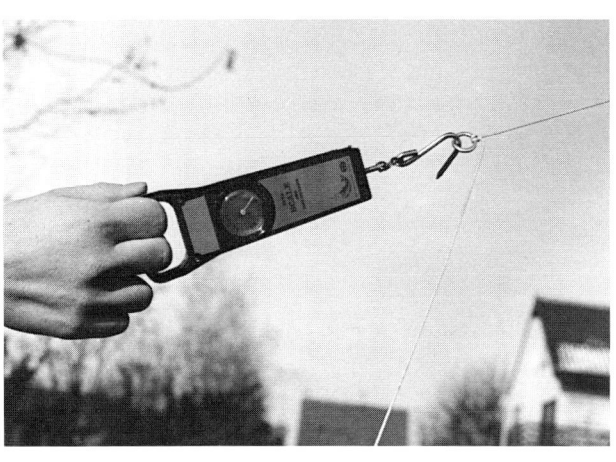

Lasten heben

Die Hebekräfte aller Drachen wirken in einem Punkt der Hauptleine. Die Last wird am besten über eine Rolle hochgezogen. Die Nebendrachen müssen mit eigenen Leinen gesteuert werden. Wenn die Last direkt in P befestigt wird, sollte auch die Hauptleine durch einen Piloten geführt werden.

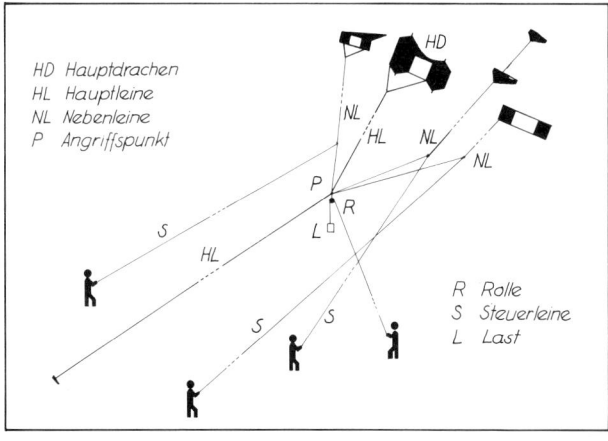

HD Hauptdrachen
HL Hauptleine
NL Nebenleine
P Angriffspunkt

R Rolle
S Steuerleine
L Last

Luftfotografie

Meistens werden zum Auslösen der Kamera mechanische oder elektronische Schalter verwendet, bei denen der Zeitpunkt der Aufnahme vorgegeben wird. Ich bevorzuge die hier beschriebene Methode, da ich mit ihr vom Boden aus bestimmen kann, wann ich die Fähre auffahren lasse, um die Kamera auszulösen.

Das Bett der Kamera ist mit Filz ausgeschlagen, um Vibrationen zu dämpfen. Sowohl der Arm, der den Kamerahalter trägt, als auch der Kamerahalter selbst sind je um eine Achse schwenkbar, um die Kamera auszurichten. Leider sieht man erst nach dem Entwickeln des Films, was man tatsächlich aufgenommen hat.

Den zuverlässigen Himmelsanker kann man anbinden. Die Aufnahmen werden über die Leine des Zugdrachens gesteuert. Der Ring, der mit der Leine des Zugdrachens verbunden ist, läuft frei in der Hauptleine hinter der Fähre her und schiebt sie nach oben oder erlaubt ihr abwärts zu gleiten, wenn Leine eingeholt wird.

Für die Luftfotografie sind zwei Fragen entscheidend: Wie kommt die Kamera nach oben, und wie wird sie ausgelöst? Hier eine wirklich einfache Methode: Ein zuverlässiger Drachen (z. B. Cody, Peter Lynn, Conyne, Roller) „verankert" eine Leine am Himmel. In dieser Leine befindet sich etwa 10 m unter dem Drachen ein Hindernis. Die Fähre mit der Kamera wird durch einen zweiten Drachen der Leine des ersten entlang nach oben befördert. Beim Auffahren der Fähre auf das Hindernis wird ein Hebel bewegt, der über einen Drahtauslöser die Kamera auslöst. Mit einer Kamera, die einen Motor zum Filmtransport besitzt, können Sie ganze Serien von Bildern aufnehmen, ohne die Fähre ganz einzuholen.

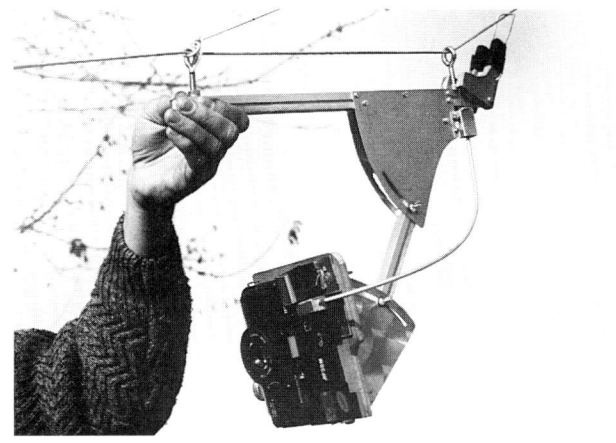

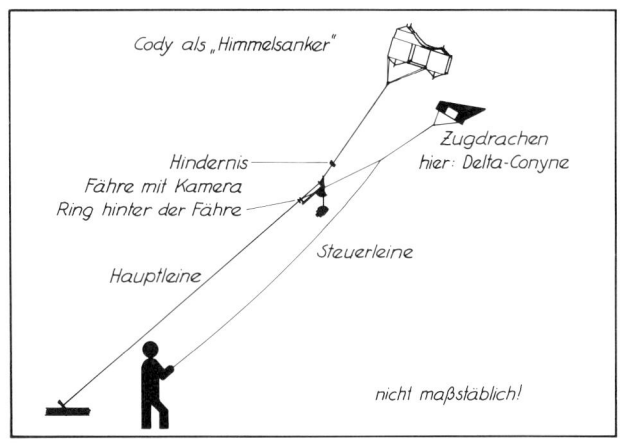

Cody als „Himmelsanker"

Zugdrachen hier: Delta-Conyne

Hindernis

Fähre mit Kamera
Ring hinter der Fähre

Steuerleine

Hauptleine

nicht maßstäblich!

Die vierundzwanzig Grundelemente, die auf Seite 16 den sechszackigen Stern bilden, sind hier zu acht Dreieckskastendrachen umgebaut, die als Kette fliegen.

Das lustige Ergebnis eines fröhlichen Bastelabends. Die Gespensterkette entstand unter Mithilfe von Stephanie, Maresa, Polly und Peter.

Gespensterkette

Für ein Gespenst brauchen Sie:
2 dünne Bambusleistchen, je 1,5 x 1,5 mm, 30 cm lang. Plastikfolie, 30 x 22,5 cm (Einbindfolie, Tragetüten), Klebeband und -film, Alleskleber, dünne Schnur, Trinkhalm, ⌀ 5 mm. Kerze (Lötkolben). Schwanz aus Kreppapier, 8 x 125 cm.

Die Gespensterkette ist gerade das Richtige für einen Bastelabend in einer großen Familie oder einem Freundeskreis. Die einzelnen Arbeitsschritte sind wirklich leicht durchzuführen, so daß sich auch Ungeübte beteiligen können. Natürlich müssen Sie die ganze Aktion etwas organisieren, damit Arbeitswillige nicht nutzlos herumsitzen. Bereiten Sie die Bambusleistchen grob vor, indem sie 30 cm lange Bambusrohrstücke (möglichst knopffrei) spalten. Für die vielen Klebebandstückchen legen Sie ein schnittfestes Brettchen bereit, auf das Sie mehrere Streifen Klebeband oder -film parallel aufkleben und dann rationell teilen können. Auch die Schablone sollten Sie vorher fertig gerichtet haben.

Schneiden Sie die Schablone aus Sperrholz, Pappe oder Al-Blech zu. Den gut ausbalancierten Querstab biegen Sie über einer Flamme oder besser am Heizkörper eines Lötkolbens (S. 113). Die beiden Gerüststäbe werden durch einen rechtwinkelig durchstochenen Abschnitt eines Trinkhalms zusammengehalten.

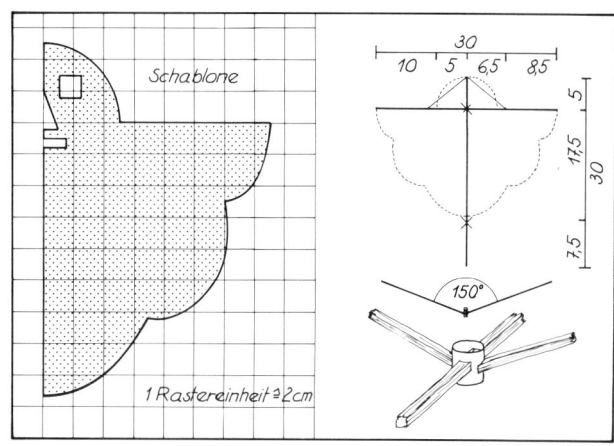

Nachdem am Kreuz die Schnurschlaufen zur Befestigung der Leinen angebracht sind, wird der Trinkhalm mit Alleskleber ausgespritzt. Mit Klebefilm und -band wird die Bespannung aufgebracht. Die Abspannungen vom oberen Ende des Achsholms zum Querstab verhindern, daß der Drachen unter dem Winddruck seine Form verliert.

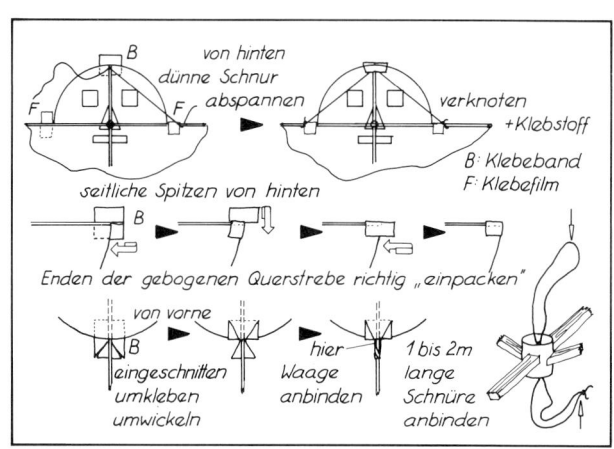

106

1 bis 2 m lange Schnüre verbinden die Gespenster untereinander. Mit der angegebenen steilen Waageneinstellung konnte ich die Kette bei 6 Bft flugstabil halten. Bei sanfteren Winden oder wenn Sie ein Minigespenst als Einzeldrachen fliegen wollen, wählen Sie einen flacheren Anstellwinkel.

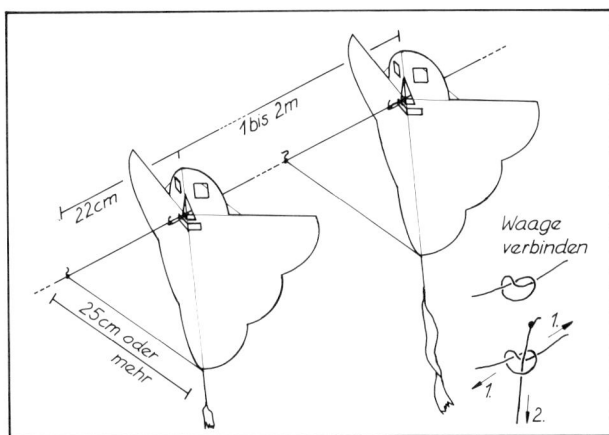

Kastenkette

Am leichtesten lassen sich Drachenketten bilden, wenn die Leine direkt durch den Drachen geführt werden kann. Aus den Dreieckszellendrachen (S. 18) erhalten Sie schnell eine imposante Kette. Das Kantenstabpaar, an dem die Leine befestigt wird, stecken Sie erst zusammen, wenn Sie es mit der Schnur umschlungen haben.

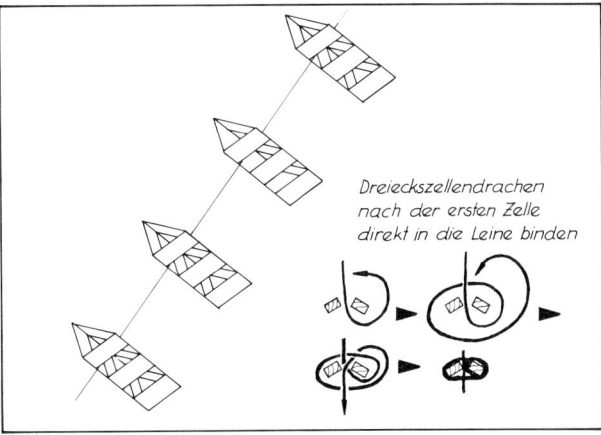

Lenkdrachengespanne

Die Verbindungsschnüre werden an den Querstäben mit Achtknoten (Lenkdrachen billigst, S. 25) oder mit Webeleinensteks (Kunstflug-Eddy, S. 22) befestigt.

Die völlig synchronen Bewegungen der Drachen in einem Lenkdrachengespann sind ein beglückendes Schauspiel für jeden Drachenfreund. Aber beginnen Sie nicht gleich mit einem großen Zug. Fertigen Sie zunächst einen einzelnen Lenkdrachen. Erst wenn Sie zum sicheren Piloten gereift sind, bauen Sie Stück um Stück Ihr Gespann auf. Die einzelnen Elemente des Lenkdrachengespanns müssen gleiche Maße haben. Der erste Drachen, der Leitdrachen, trägt die beiden zweischenkeligen Waagen. Die nachfolgenden Modelle sind mit je drei Schnüren an ihren Waagenpunkten mit den Waagenpunkten des vorausgehenden Drachens so verbunden, daß die Drachenflächen parallel zueinander stehen.

Beispiel für einen Bewegungsablauf:
Ein Gespann aus drei Kunstflug-Eddys wird an ca. 60 m langen Leinen geführt.

Die angezogene rechte Leine lenkt das Gespann in einem Bogen nach rechts.

Schon beim Abschwung muß man vorsichtig den Zug auf der rechten Leine wegnehmen und mit geringem Gegenzug an der linken Leine die Drachen schräg nach links oben dirigieren.

Heftiges Ziehen an der linken Leine leitet den Gegenschlag ein, der die Drachen schließlich die Figur einer liegenden Acht vollenden läßt.

Der gesamte Bewegungsablauf dauert in mittlerem Wind (3 bis 4 Bft) weniger als drei Sekunden.

Lenkdrachengespanne können mit der Ästhetik ihrer synchronen Bewegungen tief beeindrucken.

Versteifen Sie die Eintrittsöffnung der Schlauchschwänze (S. 24). Zur Schnellmontage der Schwänze verwende ich Haken mit Wirbel, die an den Schwänzen verbleiben.

Lenkdrachen lieben kräftigen Wind. Bei den enormen Zugkräften, die an den Leinen auftreten können, müssen Sie Ihre Hände mit Handschuhen schützen.

So wie diesen einzelnen Kunstflug-Eddy lassen sich auch Lenkdrachengespanne (S. 108 u. 109) sanft auf eine Seite absetzen (Wind hier von vorne links) und über die seitliche Spitze nach oben kippen. Zieht man hier in diesem Fall an der rechten Leine (in der Abbildung links zu sehen), startet der Drachen mühelos.

Wenn Sie mit einem größeren Gespann als dem hier vorgestellten experimentieren möchten, sollten Sie das Gerüst des Leitdrachens etwas verstärken.

Ein besonderes Problem bilden die Schwänze. PVC-Strippen sind zwar brauchbar, aber Schlauchschwänze, die sich gut aufblasen können, drehen nicht so leicht zusammen und zeichnen die Bewegungen der Drachen harmonischer nach. Schon vor dem Start müssen Sie die Schwänze gut voneinander getrennt halten. Kleine Verwicklungen können sich oftmals in der Luft von selbst auflösen, aber ein größeres Wirrwarr müssen Sie schon mit viel Geduld von Hand ordnen. Der Schwanz eines vorderen Drachens kann während des Flugs zwischen die hinteren Drachen gelangen. Ich habe beobachtet, daß das nur vorkommt, wenn der Wind das Gespann beim Überschlag nicht genügend unter Zug hält. Machen Sie während der Lenkbewegung ein, zwei Schritte nach hinten, und erzeugen Sie damit zusätzlichen Zug, dann werden die Schwänze frei bleiben. Falls Sie an den Drachen irgendwas korrigieren müssen, holen Sie nicht ein, sondern senken Sie das Gespann gegen den Wind seitlich ab, und halten Sie die Leinen in dieser Stellung des Absenkvorgangs (auch Anbinden ist möglich, wenn Sie allein sind). Nachdem Sie die Korrektur erledigt haben, genügt ein kurzer Ruck an der dem Wind abgewandten Leine, um die Drachen aufzurichten und wieder starten zu lassen.

Verarbeitungstechniken und Hilfsmittel

Holz und Bambus

Alle Holzflächen sollten möglichst keine Splitter abgeben können. Gerade vom Bambus können diese Splitterchen besonders unangenehm in die Haut eindringen. Saubere Oberflächen erhält man durch Schnitzen und Schaben mit einem Messer, durch Nachbehandlung mit Schleifpapier und durch Absengen mit einer Gasflamme (Bambus).

Werkzeuge zur Bearbeitung von Bambus: Holzheppe (Haumesser), Stechbeitel, Bastelmesser, Schieblehre und Feinsägen mit Sägeblättern für Metall. Das zweite Sägeblatt an der Säge ganz rechts ist nur mit Glasfaserklebefilm an das eingespannte Sägeblatt angefügt.

Die einfachsten Techniken der Holzbearbeitung muß man bei Drachenbastlern voraussetzen können. Für das Ablängen von Leisten und Stäben verwende ich ausschließlich eine Feinsäge für Metall. An einer meiner Sägen habe ich zwei Sägeblätter unmittelbar nebeneinander angebracht, so daß ich mit einem Schnitt eine saubere Kerbe in einem Stabende schaffen kann.

Die unbegründete Furcht vor der Bearbeitung von Bambus mag daran schuld sein, daß bei uns so wenig asiatische Drachen nachgebaut werden. Mit nur geringem Übungsaufwand sind Sie in der Lage, feinste Bambusleistchen herzustellen, die Ihnen den Weg zu den formenreichen asiatischen Leichtgewichten öffnen.

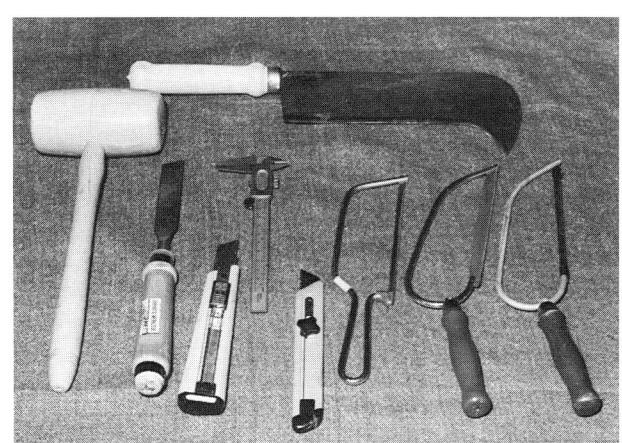

Hössles Himmelbett. Zwanzig Drachen, die den Russel-Hals-Drachen ähnlich sind (der Leitdrachen ist nicht zu sehen), heben einen Erwachsenen bis etwa 30 m hoch.

Bambus spalten

Mit dieser Methode erhielt ich die besten Ergebnisse. Der Bambusstab wird mit der Holzheppe (Stechbeitel, Beil) kreuzweise im rechten Winkel ein kurzes Stück gespalten. In die kurzen Schlitze legt man Hartholzleisten, die gemeinsam der ganzen Länge des Stabes nach durchgetrieben werden. Ergebnis: Viertelstäbe.

Feinspalten

Auf diese Weise gelingt es, Leistchen mit weniger als 1 mm Stärke herzustellen. In der Regel will man den Stab genau in der Mitte spalten. Das Messer soll nur an den Knöpfen greifen. Zwischen den Knöpfen dirigieren Sie die genaue Spaltrichtung durch Druck auf die Seite des Stabes, die zu dick ist.

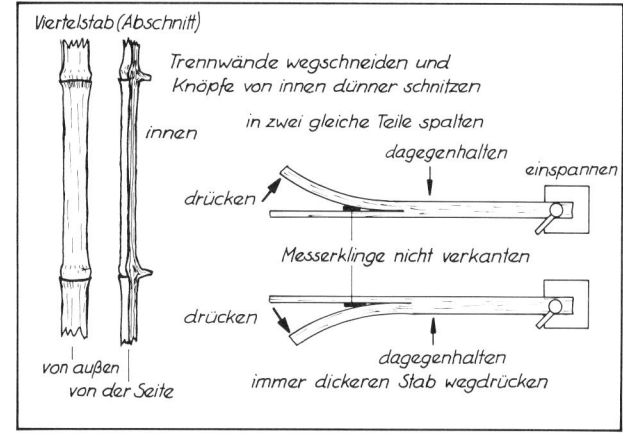

Viertelstab (Abschnitt)

innen

von außen
von der Seite

Trennwände wegschneiden und
Knöpfe von innen dünner schnitzen

in zwei gleiche Teile spalten

dagegenhalten

einspannen

drücken

Messerklinge nicht verkanten

drücken

dagegenhalten

immer dickeren Stab wegdrücken

Biegen

Dickere Bambusstäbe biegt man über einer Gasflamme oder im Wasserdampf, dünnere über einer Kerzenflamme oder am Heizkörper eines Lötkolbens. Sorgen Sie dafür, daß das Holz gut durchfeuchtet ist, und nutzen Sie die Rundung des Heizkörpers, um eine gleichmäßige Krümmung zu erhalten.

Andere Gerüststäbe

Aluminiumrohr

Glasfiberrohre und -stäbe

thermoplastisches Rohr

Aluminiumrohr wird schon seit vielen Jahren für stark beanspruchte starre Gerüststäbe verwendet. Ebenfalls für starre, viel häufiger aber für elastisch verformbare Gerüststäbe haben sich Glasfiberstäbe und -rohre (GFK) bestens eingeführt. Man erhält sie in vielen Querschnitten, allerdings nicht immer in günstigen Längen in Modellbaugeschäften und Drachenläden. Für extrem stark belastete Querstäbe von Lenkdrachen haben sie sich besonders bewährt.

Preiswerte Gerüste für große Drachen kann man auch aus thermoplastischen Rohren herstellen, die mit verschiedenen Durchmessern für die Elektroinstallation angeboten werden.

Gerüstverbindungen

Die Brauchbarkeit einer Drachenkonstruktion hängt wesentlich von den Gerüstverbindungen ab. Einerseits sollen sie die Gerüstteile sicher miteinander verbinden und in einer gewünschten Lage zueinander halten, darüber hinaus sind sie aber oftmals dafür entscheidend, ob ein Drachen zerlegbar ist und wie schnell der Auf- und Abbau erfolgen kann. Eine ganze Reihe solcher Verbindungsteile habe ich direkt bei den einzelnen Modellen besprochen, z. T. aber dort auch nur die benötigten Komponenten angegeben. Die Endmontage können Sie in den folgenden Darstellungen finden. Außerdem möchte ich noch einige alternative und allgemein brauchbare Gerüstverbindungen vorstellen.

Kreuzungen binden
Diese Kreuzverbindungen benötigt man vor allem bei Flachdrachen. Legen Sie um die Stäbe nicht mehr Schnurwindungen, als ich gezeichnet habe! Um bespannte Gerüstteile zu verschnüren, muß man zur Nähnadel greifen. Üblicherweise werden diese Kreuzverbindungen am Schluß allseitig mit Klebstoff oder Leim überstrichen.

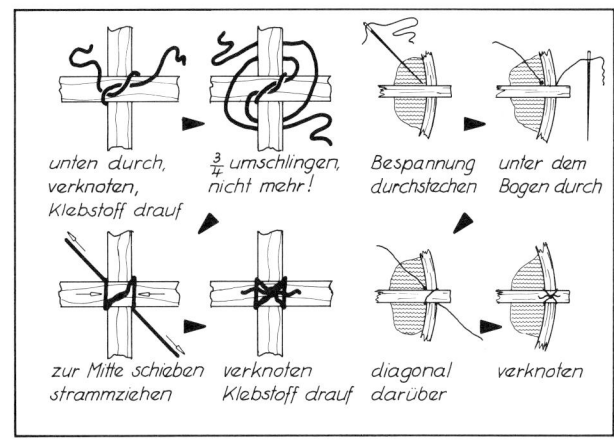

unten durch, verknoten, Klebstoff drauf

$\frac{3}{4}$ umschlingen, nicht mehr!

Bespannung durchstechen

unter dem Bogen durch

zur Mitte schieben strammziehen

verknoten Klebstoff drauf

diagonal darüber

verknoten

*Verbindungsteile
aus Holz*
Aus Hartholz sind solche
Teile leicht herzustellen,
wenn man über Bohr-
maschine, Bohrständer
und Spannvorrichtungen
verfügt. Alle belasteten
Holzteile versehe ich
immer mit verleimten
Schnurwicklungen. Ein
so gesichertes Verbin-
dungsstück ist mir noch
nie zerbrochen.

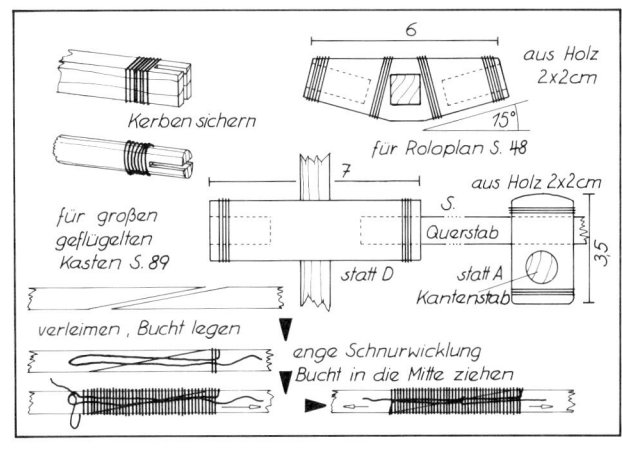

*Verbindungen aus Alu-
minium und Kunstharz*
Kleine Aluminiumteile
schneidet man mit einer
Metallfeinsäge. Für grö-
ßere Formteile verwen-
den Sie eine Stich- oder
Laubsäge mit speziellen
Sägeblättern für Metall.
Außerdem brauchen Sie:
einen Schraubstock,
unterschiedlich geformte
Zangen, Feilen sowie
Raspeln und das übliche
Standardwerkzeug.

Steckhülsen
Machen Sie Vorversuche,
um den Materialbedarf
für den vollen Umfang der
Hülse zu ermitteln.
Sorgen Sie dafür, daß
die ganze Länge des
Blechs eingespannt ist
und auch der ganzen
Länge nach gleichzeitig
gebogen wird.
Solche Hülsen brauchen
Sie zur Stabverlänge-
rung, besonders aber für
Kreuzverbindungen.

Die vielseitigsten Möglichkeiten, Gerüstverbindungs-
teile zu schaffen, liefern Aluminiumblech und -rohr, vor
allem in Verbindung mit Kunstharz, das auf Verschnü-
rungen oder Glasmatten aufgetragen wird. Beim Biegen
des Aluminiums muß man darauf achten, daß es nicht
überdehnt wird und dann bricht. Beim Zusammensetzen
mehrerer Aluminiumteile arbeite ich am liebsten mit
Schnurwicklungen. Glasfasermatten oder -vliese können recht störrisch sein und lassen sich kleinen Formen
schlecht anpassen. Vom Reparaturharz vermischt man
immer nur eine kleine Menge mit dem Härter und baut
den Körper schichtweise auf. Beachten Sie genau die
Verarbeitungs- und Warnhinweise des Harzherstellers.

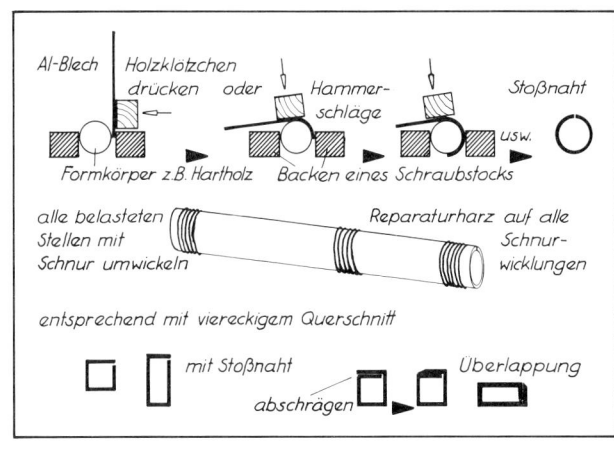

Gewinkelte Kreuzverbindung für Roloplan
Gehen Sie nach den Zeichnungen vor. Die Verschnürung wird als Skelett für das Reparaturharz so angelegt, daß die gewinkelte Anordnung nach hinten gut abgestützt und versteift wird. Das Kreuz für den Kunstflug-Eddy (siehe Seite 23) wird auf gleiche Weise zusammengefügt.

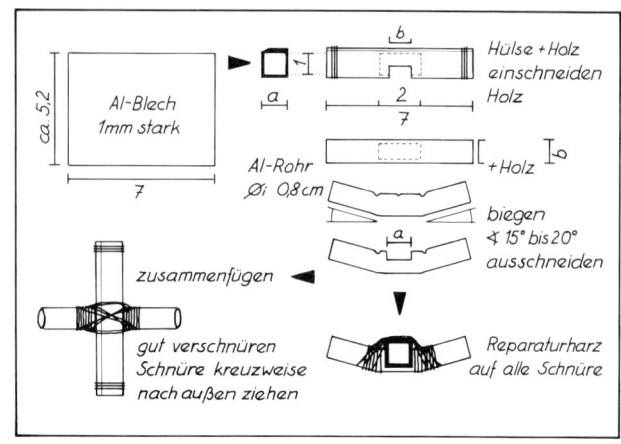

Einfache Kreuzstecker
Die fertig präparierten Rohre werden zunächst mit Heiß- oder Schnellkleber zum Kreuz verbunden und im richtigen Winkel fixiert. Bei dünnen Rohren empfehle ich, die Rohrausschnitte mit dünnen Al-Blechstreifen zu überbrücken, bevor die Schnurwicklungen angebracht werden. Fertige Teile siehe Seite 118.

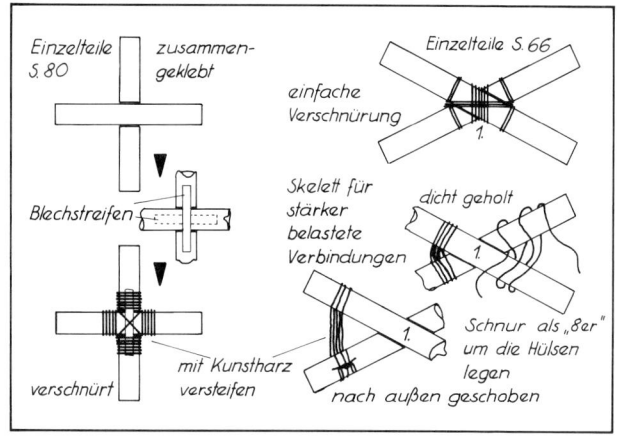

Steckverbindung für Roller (s. Seite 53)
Auf das Kreuz aus Aluminiumrohren werden die Blechlaschen der Hülse angepaßt und mit festen Schnurwicklungen aufgesetzt. Mit Reparaturharz verfestigen!
Am Roller müssen Sie für diese Verbindung die Ausschnitte an den Achsholmtaschen vergrößern.

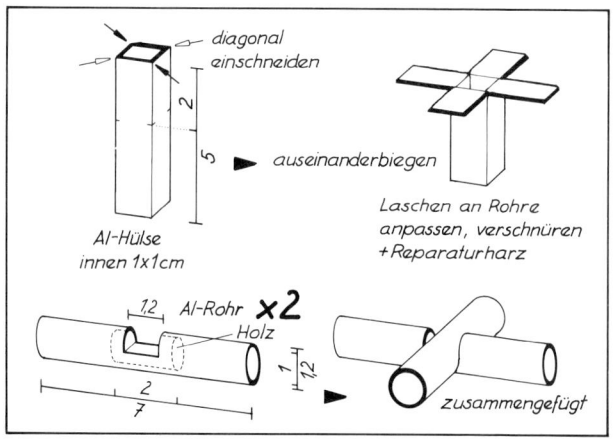

Verbindungen mit Kunststoffschlauch

Die Verwendung von PE- und PVC-Schlauch zur Gerüstverbindung wurde schon auf den Seiten 18, 20, 25, 55, 59, 83 und 90 gezeigt. Hier zur Ergänzung einige weitere Einsatzmöglichkeiten. Teile aus Aluminiumblech setzt man zusammen mit Schlauchmanschetten ein (siehe auch Foto Seite 118).

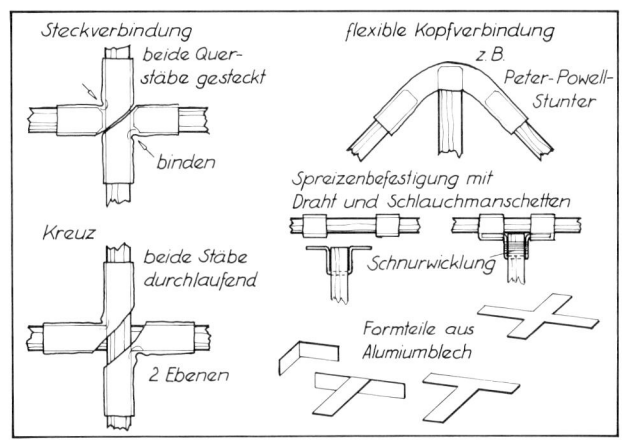

Gerüstverbindungen aus massivem Kunststoff

Für die spanende Bearbeitung eignen sich: Polyamide (z. B. Nylon), schlagfestes Polystyrol, ABS-Kunststoffe, höchstmolekulares Polyethylen, z. B. HMNDPE und UHMWPE, aber auch HDPE und viele andere sind brauchbar.

Kunststoffteile für käufliche Drachen werden üblicherweise durch Spritzgießen auf speziellen Maschinen hergestellt. Für den Bastler ist dieses Verfahren nicht zugänglich. Er muß seine Kunststoffteile aus Kunststoffblöcken durch spanende Bearbeitung, d. h. durch Sägen, Stanzen, Bohren, Fräsen, Drehen und eventuell auch durch Raspeln oder Schaben formen. Das Ausgangsmaterial ist in der Regel ein Thermoplast, ein Kunststoff, der beim Erwärmen schmelzen kann. Daher muß man möglichst mit scharfen Werkzeugen, mit hoher Geschwindigkeit und mit geringem Materialvorschub, am besten unter Kühlung arbeiten. Als Kühlmittel eignet sich Wasser oder eine Kühlemulsion.

Große Blöcke teile ich mit einer Holzsäge. Für den genauen Zuschnitt eignet sich ein Schnellschnitt-Laubsägeblatt für Holz und Kunststoff (Nr. 5). Beim Bohren muß schnell, aber ohne starken Druck, am besten unter Kühlung mit Wasser gearbeitet werden. Die Rohlinge werden mit einer Raspel oder mit einem scharfen Messer endgültig geformt.

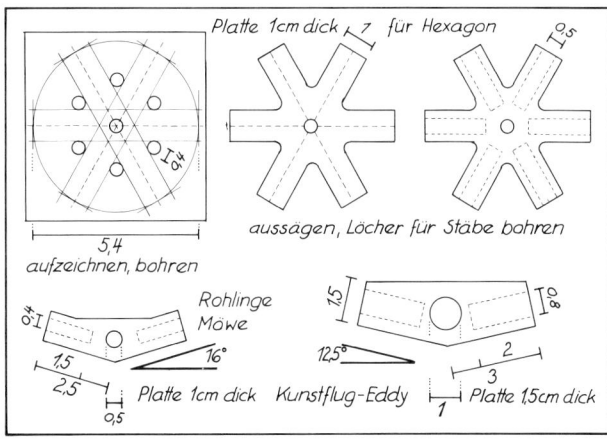

Geglättet wird ebenfalls mit einem Bastelmesser, das man als Ziehklinge einsetzt. Feilen und Schmirgeln sind für die Thermoplastbearbeitung ungeeignete Methoden. Fertige Verbindungsteile aus massivem Kunststoff: links für Kunstflug-Eddy, Hexagon und Möwe, rechts käufliche Spritzgußteile aus dem Drachenladen.

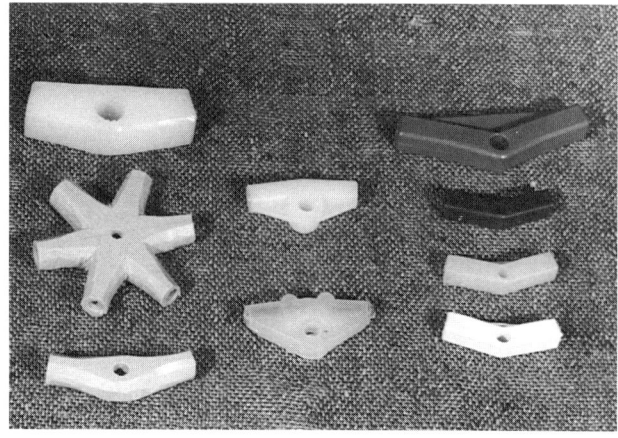

Verbindungen aus Kunststoffschlauch
Links mit Al-Formstücken und Schlauchmanschetten, Mitte oben Kreuz. Alle übrigen Verbindungen sind Steckverbindungen, die bei den einzelnen Anwendungen beschrieben sind.

Vorne zwei alternative Kreuzverbindungen für den geflügelten Kasten (s. S. 89), dahinter Teile für Cody, Roloplan und großen Kasten. Rechts Hülsen. Links ein Rohling und ein fertiger Kopf für den Glite, ganz hinten links gewinkeltes Kreuz. Hinten in der Mitte Fünffachstecker für Roller oder Marconi-Drachen (s. S. 116).

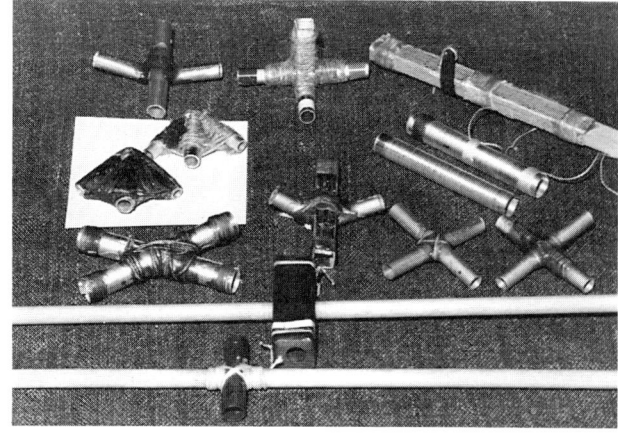

Verarbeiten textiler Bespannmaterialien

Baumwollstoffe

Stoffe aus synthetischen Fasern

Spinnakernylon (Ripstop Nylon)

Stoffe für den Drachenbau müssen leicht und dennoch dicht, reißfest und wenig dehnbar sein und auch farblich ansprechen. Geeignet ist nur Web-, nicht aber Maschenware. Unter den Stoffen aus Naturfasern haben sich glatte Baumwollstoffe, am besten mittelschwere Popeline- und Inlettstoffe und Seide bewährt. Sogenannte Kunstseide (Viskose) ist nur für wenig beanspruchte Bespannungen brauchbar. Unter den reißfesten Geweben aus synthetischen Fasern, z. B. Nylon, Perlon, Trevira, Dralon, Dacron u. v. a. m., läßt sich eine große Zahl hervorragend geeigneter Stoffe finden. Die Gewebe aus Natur- und Kunstfasern lassen sich meistens gut verarbeiten. Reine Synthetikgewebe schneidet man am besten, indem man sie mit dem Lötkolben durchschmilzt. Beim Säumen und Zusammensetzen der Stoffe kann man, wenn man mit den Stecknadeln Schwierigkeiten hat, auch eine feine Punktklebung mit Gewebekleber vornehmen und dann erst nähen.

In den letzten Jahren hat sich im Drachenbau Spinnakernylon ganz in den Vordergrund geschoben. Von vielen professionellen Herstellern anspruchsvoller Drachen wird es fast ausschließlich verarbeitet. Es besteht aus sehr eng gewobenem dünnfädigem Nylongewebe, das meist im 4-mm-Raster mit einem Netz von Verstärkungsfäden durchzogen wird. Es wurde ursprünglich für Hochleistungssegel und Zelte entwickelt und wird üblicherweise wasserabweisend silikonbeschichtet (coated) in verschiedenen Unifarben angeboten. Es lohnt sich, auf seine Verarbeitung etwas näher einzugehen.

Achten Sie schon beim Einkauf darauf, daß das Spinnakernylon nicht scharf gefaltet wird. Am besten transportiert und lagert man es aufgerollt auf einer Papprohre. Falten herauszubügeln, ist ein mühseliges Unterfangen. Das Bügeleisen stellt man auf eine kleine Hitzestufe, legt auf das Nylon ein feuchtes Tuch und dämpft sehr behutsam. Beim Zuschnitt ist die bewährteste Methode das Schmelzen mit dem Lötkolben. Dermaßen beschaffene, ungesäumte Kanten habe ich ganz bewußt schon großen Belastungen ausgesetzt, und dabei ist mir das Spinnakernylon noch nie eingerissen. Üben Sie an kleinen Proben, bevor Sie sich eine große Arbeit vornehmen.

Die Verstärkungsfäden zeigen beim Spinnakernylon die Laufrichtung an. Ist der Drachen aus einem Stück geschnitten, so sollte die Laufrichtung senkrecht, waagerecht oder 45° sein. An einer Naht stoßen die Laufrichtungen der Stoffe am besten unter gleichem Winkel zusammen.

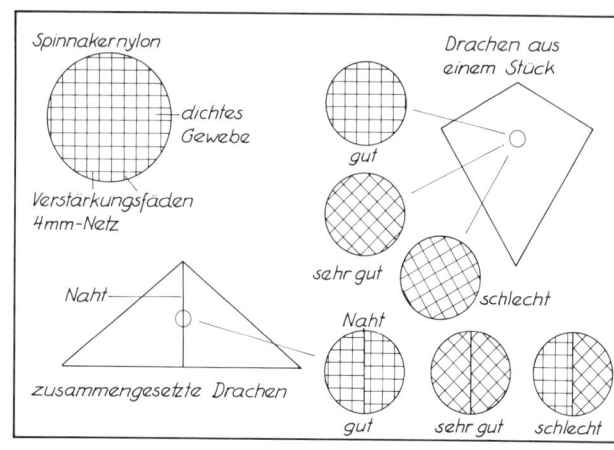

Um zuverlässig haltbare Nähte zu erreichen, müssen Sie die Fadenspannung auf Ihr Material richtig einstellen (Vorversuche!). Alle Stoffe kann man mit der sicheren Kappnaht zusammensetzen. Bei Spinnakernylon nähe ich, um ein Abknicken zu vermeiden, die Stoffteile auch nur überlappend mit einer Dreifachnaht zusammen (Seite 94).

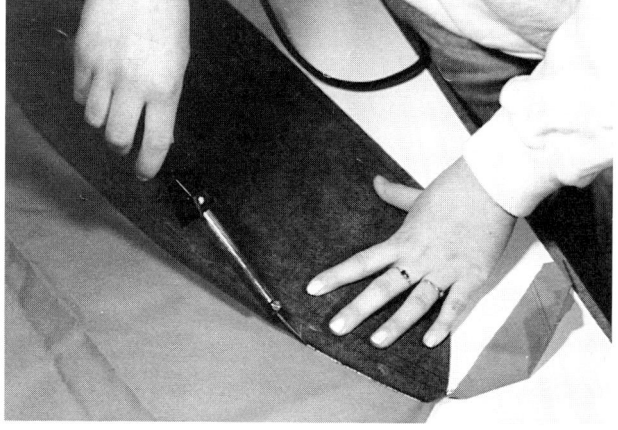

Synthetikstoff zuschneiden
Ein Lötkolben mit abgeschrägter Spitze hat sich beim schmelzenden Schneiden von Spinnakernylon am besten bewährt. Schneiden Sie gleichmäßig ziehend entlang einer Schiene oder Schablone (hier: Profil eines Parafoils) aus Hartpappe, Sperrholz oder Hartholz.

Gründlich verschmolzene Kanten von gutem Spinnakernylon habe ich unter härtesten Bedingungen getestet und noch nie schlechte Erfahrungen gemacht. Andere Stoffe sollten Sie unbedingt säumen. Oftmals will man durch einen schweren Saum nur erreichen, daß die hochfrequenten Vibrationen der Ränder gedämpft werden.

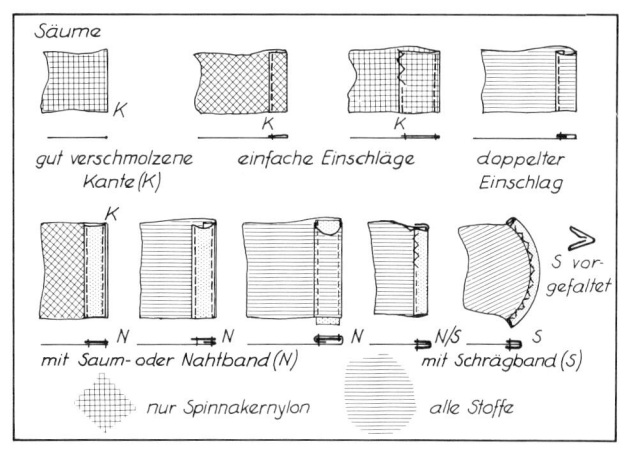

Applikationen sind auf den Stoff aufgesetzte bunte Stoffteile, die den Drachen schmücken. Am Spinnakernylon leuchten sie am schönsten, wenn sie in den Stoff eingesetzt erscheinen. Man näht zunächst auf die unversehrte Bespannung auf und trennt erst dann die überflüssigen Stoffpartien heraus
(Fotos S. 29 und 81).

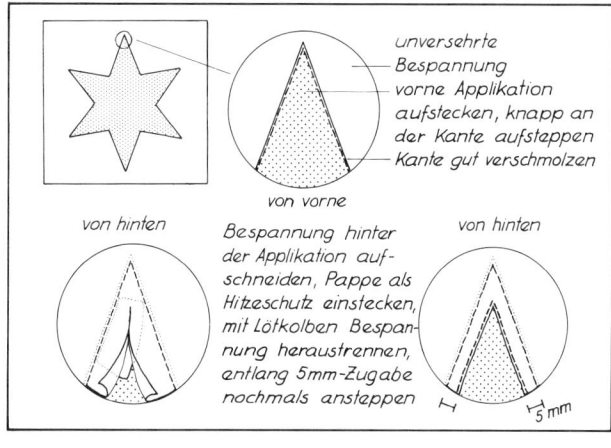

Spinnakernylon säumen
Aufgesetztes Nahtband auf verschmolzener Kante; gekrümmte Kante mit vorgefaltetem Schrägband eingefaßt; Spinnakertuch um Saumband geschlagen und mit zwei Nähten befestigt; breiter doppelter Einschlag, zweimal genäht; einfacher schmaler Saumeinschlag (von rechts nach links).

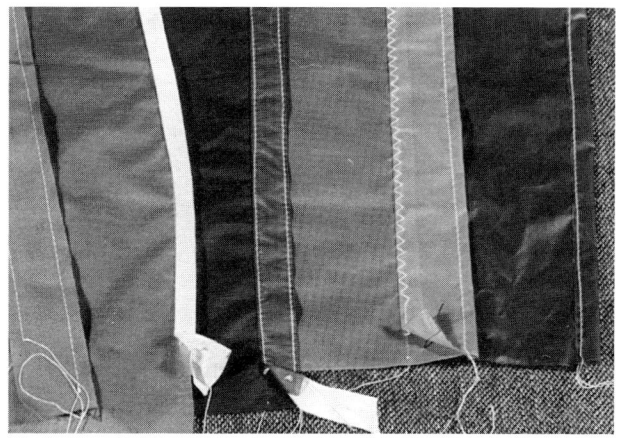

Bespannung befestigen
Taschen sind bei den einzelnen Modellen beschrieben.
Stäbe sollten Sie nur nahe zu den Enden durchbohren. Bänder und Schnüre näht man mit nicht zu kleinen Stichen an. Wenn Sie Ösen anbringen, muß das Nylon mindestens zweilagig oder unterfüttert sein, da die Ösen sonst leicht ausbrechen.

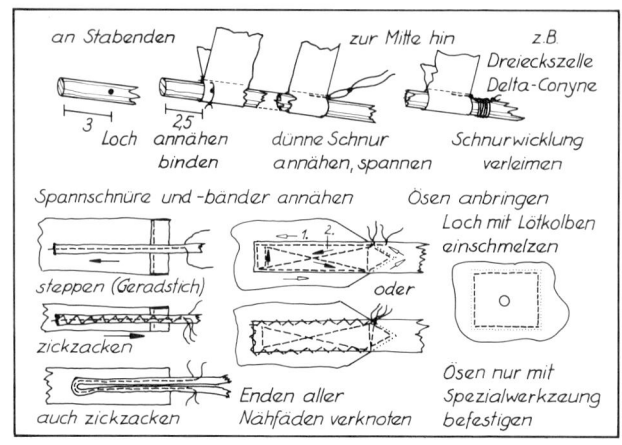

Andere Bespannmaterialien

Tyvek

Tyvek, ein weißes Wirrvlies aus Polyethylenfäden, hat sich in jüngster Zeit als leichtes Bespannmaterial durchgesetzt. Es ist gut belastbar, aber nicht so reißfest wie Spinnakernylon, dafür aber wesentlich billiger und vor allem leichter zu verarbeiten. Man kann es mit dem Lötkolben schmelzend schneiden; ich bevorzuge den Schnitt mit einem scharfen Bastelmesser. Tyvek läßt sich sehr gut mit Universalkleber kleben. Vollkommen problemlos nähen Sie Tyvek auf der Nähmaschine. Verwenden Sie Polyesterfaden und eine feine Nadel (max. Nr. 80), und nähen Sie mit großen Stichen. Statt Tyvekteile mit Stecknadeln zusammenzustecken, empfehle ich, die Teile zunächst zusammenzukleben. Eine weitere hervorragende Eigenschaft des Tyveks ist die Möglichkeit der farbigen Gestaltung durch Abtön- und Plaka-Farben oder auch durch Filzstifte.

Kunststofffolien

Wenn Sie eine Bespannung mit Kunststofffolie verwenden wollen, ist die erste Wahl eine Polyesterfolie (z. B. Mylar), die sehr reißfest ist und mit Alleskleber verklebt werden kann. Für PVC-Folie brauchen Sie einen Spezialkleber, der aber auch nicht immer Erfolg garantiert, besonders wenn die Folie größere Mengen Weichmacher enthält. Polyethylenfolie (PE) kann man nur mit Klebefilm oder -band kleben. Vor allem HDPE-Folie (das Material der meisten Müllsäcke) bietet sich als reißfeste und besonders preiswerte Bespannung für einfache und leichte Drachen an.

Drachenleinen

Wählen Sie Ihre Drachenleine immer so stark, daß sie niemals bis zur Grenze belastet wird, aber lassen Sie Ihren Drachen nicht unnötig eine zu schwere Schnur schleppen.

Das Angebot an bewährten dünnen und doch hoch belastbaren Drachenschnüren aus gezwirnten oder geflochtenen Polyester-, Nylon- und Perlonfasern wird neuerdings durch Leinen aus Kevlar ergänzt, einem Material von bisher ungekannter Reißfestigkeit bei sehr kleinem Querschnitt. Undehnbare Kevlarleinen sind hervorragend für Lenkdrachen geeignet. Eine so dünne und reißfeste Schnur, die unter hoher Spannung steht, bringt aber auch Verletzungsgefahren. Für Einleinendrachen sollten Sie leicht dehnbare Schnüre bevorzugen, die plötzliche Zugänderungen besser dämpfen können. Erinnert sei daran, daß in Deutschland die Flughöhe der Drachen auf 100 m begrenzt ist.

Wickler und Spulen

Angeregt durch die reifenartige „Spezi-Spule", habe ich den einfachen Wickler entworfen. Er liegt noch besser in der Hand als die käufliche Spezi-Spule (rechts). Der Wickler und die Spulen für die nachstehende Kurbel werden aus 10-mm-Sperrholzscheiben mit 15 bis 22 cm ⌀ und dem Abschnitt des Pappkerns einer Linoleumrolle zusammengeleimt und -geschraubt. Falls Sie nur einen Pappkern mit weniger als 10 mm Wandstärke erhalten, leimen Sie ein aufgeschnittenes Stück einer zweiten Röhre auf ein unversehrtes Papprohr auf (Lücke ausfüllen!). So ein Spulenkern ist besonders gut belastbar. Schützen Sie den Pappkern mit einer Lage Klebefilm gegen Feuchtigkeit.

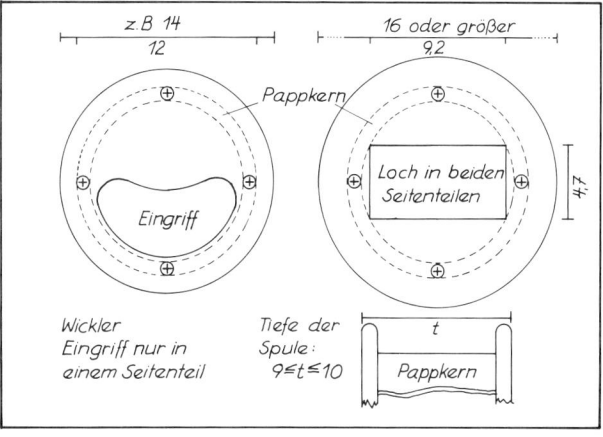

Kurbel mit austauschbaren Spulen

Sie brauchen:
1 einfache Fahrradnabe, Sperrholz, 10 mm und 5 mm stark (siehe Zeichnungen). Ca. 40 cm Gewindestab, M8, Unterlegscheiben, M8 und M10. Hutmuttern, (1 x) M10 und (1 x) M8. Kreuzschlitzschrauben, selbsteindrehend, (10 x) 1,4 x 10 mm (I) und (20 x) 3 x 20 mm (II). 1 Flügelmutter, M8. Al-Blech, 1 mm stark, Ca. 10 cm Al-Rohr, ∅ außen 10 mm, ∅ innen 8 mm. Reparaturharz mit Härter. Klarlack. Material für die Spulen siehe oben.

Die große Kurbel ist das Ergebnis einer längeren Entwicklung, in deren Verlauf der Mechanismus immer wieder verbessert wurde. Zugrunde lag der Gedanke, daß ein Drachenliebhaber für seine unterschiedlichen Modelle auch verschiedenartige Leinen verwendet, es aber unsinnig wäre, für jede dieser Leinen eine komplette Rollenmechanik anzufertigen. In der ausführlichen Erprobung hat sich gezeigt, daß dieser Apparat nicht nur einen schnellen Wechsel der Spulen ermöglicht, sondern auch außerordentlich stabil und handlich ist. Dazu gehört auch eine solide Haltevorrichtung, die Sie am besten so gestalten, daß die Kurbel beim Gebrauch gegen Ihren Leib abgestützt wird.

Foto: Fertig aufgebaute Kurbel, dahinter Wechselspulen und Vorläufermodelle.

Montage
D mit ∅ 15 cm und A, B, E und C aus Sperrholz zuschneiden, Löcher bohren bzw. sägen. Achse ganz auf eine Seite durchschrauben und mit KM fixieren. 4 Schrauben (I) von innen durch den Nabenflansch befestigen A. B mit feiner Laubsäge mitten durchsägen, über der Nabe wieder zusammenleimen und mit sechs

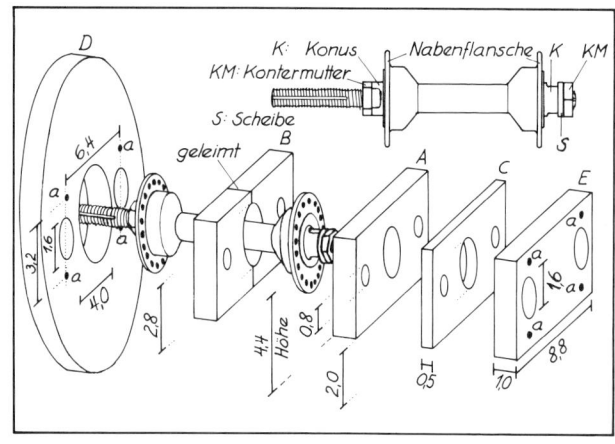

Schrauben (I) am zweiten Flansch innen anbringen. C aufleimen, Gewindestäbe mit Muttern und Unterlegscheiben anschrauben, D und E anleimen und mit je 4 Schrauben (II) durch a zusätzlich befestigen. Vervollständigen Sie die Rollenmechanik durch die kurzen Al-Rohre, eine große Unterlegscheibe, die Flügelmutter und die Halterung.

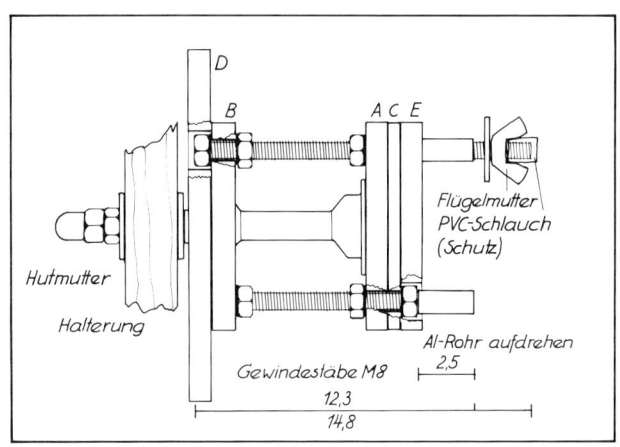

Bauen Sie das gesamte Griffteil (Grundkörper und Handgriff) auf. Der Handgriff dreht nur auf dem festgeschraubten Al-Rohr. Die Aussparungen im Grundkörper müssen genau auf die mit Aluminium ummantelten Gewindestäbe passen. Bei der Endmontage schiebt man zuerst eine Spule auf die Rollenmechanik, setzt dann das Griffteil ein und verriegelt es (Zeichnung Mitte unten). Am Schluß werden Riegel und somit auch Griffteil und Spule durch wenige Umdrehungen der Flügelmutter arretiert.
Die demontierten Teile lassen sich in wenigen Sekunden zusammenfügen. Beim Steigenlassen lege ich die Spule meistens ohne Mechanik auf den Boden und lasse die Leine durch meine Hände gleiten.

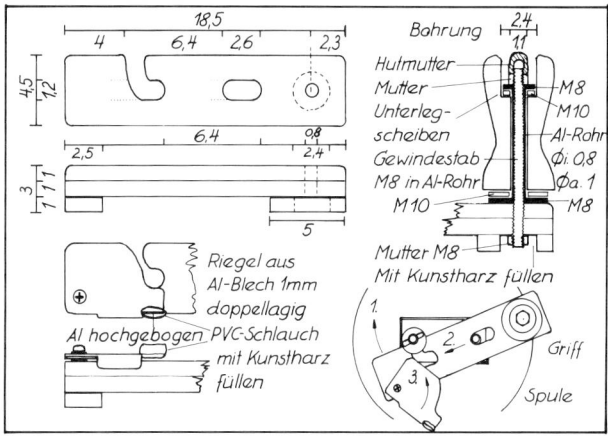

Einkauf

Gerüstmaterial
Holz

Bambus

Aluminium

Kunstharz, Schläuche

Bespannmaterial
Tyvek, Spinnaker-
nylon, Mylarfolie
GFK-Rohre und
-stäbe

Geschäfte für den
Drachenbastler

Informationen über
Drachenfeste
(auch internationale)

Holzleisten und Rundstäbe bekommt man in Baumärkten und Bastlergeschäften sehr preiswert angeboten. Gute Kiefernleisten mit kleinen Querschnitten findet man meistens nur in Modellbaugeschäften.

Bambusrohr und fertige Bambussplittstäbe kauft man am besten in Gartenbedarfsgeschäften.

Aluminiumrohre und -profile führen manche Baumärkte und gute Eisenwarenhandlungen. Aluminiumblech besorgen Sie sich in einem Geschäft für Radiobastler, günstiger aber in einem Verarbeitungsbetrieb, in dem Reste anfallen. Kunstharz mit Härter (Reparaturharz) und PVC-Schläuche erhält man im Kfz-Zubehörhandel. Papier und Stoffe bekommen Sie in den einschlägigen Geschäften. Zur Beschaffung spezieller Materialien, wie Tyvek, Spinnakernylon und Mylarfolie, aber auch von GFK-Material für das Gerüst, geeigneter Drachenschnüre und Kleinteile müssen Sie sich an einen Drachenladen oder ein Spielwaren- oder Bastelgeschäft wenden, das sich auf die Bedürfnisse der Drachenenthusiasten eingestellt hat. Solche Läden finden Sie in: Aachen, Aurich, Bad Godesberg, Berlin-Schöneberg, B-Wilmersdorf, Bergisch-Gladbach, Bielefeld, Bonn, Bremen, Bremerhaven, Dortmund, Duisburg, Düsseldorf, Emden, Eningen, Essen, Esslingen, Flensburg, Frankfurt, Freiburg, Gevelsberg, Gießen, Göttingen, Grevenbroich, Gütersloh, Hagen, Hamburg-Harvestehude, Hamm, Hannover, Heidelberg, Heilbronn, Hör-Grenzhausen, Karlsruhe, Kassel, Kiel, Köln, Krefeld, Lüdenscheid, Mainz, Mannheim, Meerbusch-Büderich, München-Bogenhausen, M-Schwabing, Münster, Münster-Wolbeck, Neu-Isenburg, Norden, Norderney, Nürnberg, Oldenburg, Osnabrück, Pforzheim, Saarbrücken, Stuttgart, Tübingen, Ulm, Velbert, Wangerooge, Wiesbaden, Wurmsham, Würzburg. In der Schweiz in Basel, Bern und Biel.

Prospekte und genaue Adressen erhalten Sie von Christopher, der Drachenspezialist, D 4005 Meerbusch 3. Toni Christopher bietet noch einen besonderen Service: Täglich ab 13.00 bis morgens 8.00 Uhr können Sie unter der Rufnumer 02150/1040 ein Band mit den neuesten Terminen von Drachenveranstaltungen abhören.

Literatur *(Auswahl)*   Bücher

Backes, W.: Drachen bauen. Otto Maier Verlag Ravensburg, 1984 (Bauanleitungen)

Bahadur, D.: Come Fight a Kite. Harvey House Publisher, New York, 1978 (Indische Kampfdrachen)

Bodóczky, I.: Sárkányépítés (Drachen machen). Müszaki Könyvkiadó, Budapest, 1982 (Bauanleitungen)

Broomfield, G. A.: Pioneer of the Air. Gale and Polden, Aldershot, 1953 (engl., Codys Leben)

Eber, D.: Genius at work. The Viking Press, New York, 1982 (Bell als Drachen-pionier)

Eugster, J.: Drachen, Bausteine für das Werken. Verlag ZKM, Zell u. SVHS Liestal, Schweiz, 1984 (30 Papierdrachen)

Hart, C.: Kites: An Historical Survey. Paul P. Appel, Publisher, Mount Vernon, New York, 1968 (Geschichte der Drachen)

Hiroi, T.: Kites Sculpting the Sky. Pantheon Books, New York, 1978 (Bau-anleitungen)

Hunt, L. L.: 25 Kites that fly. Dover Publications, New York, 1971 (1929) (Bau-anleitungen)

Ito, T. und Komura, H.: Kites, The Science and the Wonder. Japan Publications, Tokyo 1979 (engl., Theorie)

Jue, D. F.: Chinese Kites. Charles E. Tuttle Comp. Rutland und New York, 1967 (engl., Geschichte, Bauanleitungen)

Kau, K. und Hsieh, S.: Chinese Kites. Taipei, 1983 (engl./chinesisch, Bauanleitungen)

Moulton, R.: Das Drachenbuch. Otto Maier Verlag Ravensburg, 1982 (große Modell-übersicht)

Ohashi, E.: (japanischer Titel, sinngemäß als „Drachenzüge machen" übersetzt) Japan 1981 (japanisch mit verständlichen Zeichnungen)

Pelham, D.: DuMont's Bastelbuch der Drachen. DuMont Buchverlag, Köln, 1977 (Geschichte, Prinzipzeichnungen vieler Drachen)

Picon, D.: Cerfs-Volants. Editions Fleurus, Paris, 1985, (franz., Bauanleitungen)

Streeter, P.: The Art of the Japanese Kite. Weatherhill, New York and Tokyo, 1974 (engl., Erlebnisberichte, Farbfotos)

van Veen, H.: Vliegers zelfmaken. Cantecleer bv, de Bilt, 1980 (holl., Bauanleitungen)

Walker, P. B.: Early aviation at Farnborough. Macdonald, 1971 (engl., Geschichte der Luftfahrt)

Yolen, J.: World on a String, The Story of Kites. The World Publishing Company, Cleveland und New York, 1968 (engl., Geschichte der Drachen)

Zeitschriften

Kite Lines: Aelus Press, Inc., Baltimore, USA (erscheint etwas unregelmäßig, Abon-nements für 4 oder 8 Ausgaben. Weltweit bedeutendste und größte Zeitschrift für Drachenfreunde)

Vlieger: Vliegerpromotie den Haag (erscheint regelmäßig 6mal jährlich. Die kla-ren Informationen sind auch ohne Holländischkenntnisse verständlich)

Register